大学生安全教育教材

大学生安全知识

第4版

中共北京市委教育工作委员会
北京高教学会保卫学研究会 组编

机械工业出版社

本书是面向大学生的安全教育读物，由北京市数十名从事大学生安全教育工作的专家、学者运用现代安全科学理论，经过广泛、深入的调研，吸收国内外最新的研究成果，发挥集体智慧编写而成。全书共分12章，从维护稳定、反对邪教、应对突发事件、预防非法侵害、人身财产安全、防火安全、交通安全、教学与社会实践活动安全、网络安全、心理安全、生活安全以及大学生违法犯罪预防等方面，较为全面、系统地向大学生介绍了有关法律、法规和安全知识，旨在提高大学生的安全防范意识和自我保护能力，为大学生顺利完成学业以及毕业走向社会、报效祖国提供安全保障。本书集理论性、知识性、实用性于一体，文字通俗易懂，适合在校大学生阅读和学习。

图书在版编目（CIP）数据

大学生安全知识/中共北京市委教育工作委员会 北京高教学会保卫学研究会组编. —4版. —北京：机械工业出版社，2014.7（2019.7重印）
大学生安全教育教材
ISBN 978-7-111-47246-9

Ⅰ.①大… Ⅱ.①中… Ⅲ.①大学生-安全教育-教材
Ⅳ.①G645.5

中国版本图书馆CIP数据核字（2014）第147128号

机械工业出版社（北京市百万庄大街22号 邮政编码100037）
策划编辑：李俊玲 张敬柱 责任编辑：李俊玲 张敬柱 周晓伟
版式设计：霍永明 责任校对：刘秀丽
封面设计：鞠 杨 责任印制：常天培
北京京丰印刷厂印刷
2019年7月第4版·第6次印刷
140mm×203mm·6印张·2插页·156千字
标准书号：ISBN 978-7-111-47246-9
定价：12.00元

凡购本书，如有缺页、倒页、脱页，由本社发行部调换
电话服务 网络服务
服务咨询热线：010-88379833 机 工 官 网：www.cmpbook.com
读者购书热线：010-88379649 机 工 官 博：weibo.com/cmp1952
教育服务网：www.cmpedu.com
金 书 网：www.golden-book.com

《大学生安全知识》第4版
编 委 会

《大学生安全知识》第4版
编 写 人 员

主　编	侯光明			
副主编	张德玉	辛崇胜	韩连生	葛巨众
	陈玉新	马周年	刘春华	卢向红
参　编	（以姓氏笔画为序）			
	马华青	王永涛	王有洪	王爱民
	王振铎	冯久泉	刘存东	刘应伦
	刘建国	李　敏	李少雄	李汉军
	李兰枝	李国君	李保元	任　航
	杨　林	杨　昊	吴腾蛟	何洪义
	张　虹	陆桂云	陈　勇	易本兴
	赵　广	赵云山	胡群海	俞娇娜
	贾水库	徐玉玺	徐静年	戚　超
	常建勇	高福亭	葛冬冬	焦凤松
	靳久良	管凤仙		

关注安全　健康成才

——《大学生安全知识》第4版序言

大学生是祖国的未来，民族的希望。能够平安、顺利地完成学业，是大学生健康成才、成功走向社会的重要条件，也是建设和谐校园的必然要求。

大学生在校期间不仅要学习科学文化知识，提高实践能力，更要提高综合素质、实现全面发展。掌握丰富的安全知识和安全技能，是大学生综合素质的重要体现。每一名大学生都应该熟悉身边环境里的各类风险，知道如何避免危险的发生，遇到危险能够从容应对，在危难之中懂得保护自己和救助他人，而这些知识都需要通过学习才能更好地掌握。

《大学生安全知识》是首都高校系统的专家为广大青年学生编写的安全教育教材。2006年以来，各高校运用此教材开展安全教育活动，推动安全教育“进教材、进课堂、落实学分”工作，已经收到良好效果。为了反映大学生安全状况的新变化，适应安全教育的新需求，编委会又组织部分专家对本书进行了再次修订，努力使资料更新、内容更丰富，以便更好地满足学生的需求、为广大学生服务。

希望首都高校的大学生们能够通过对本书的学习，不断增强安全观念，提高综合素质，保障自身安全，共建平安校园。衷心祝愿同学们平安、健康、顺利地完成学业，早日为国家和首都的发展作出更大贡献！

中共北京市委教育工作委员会

2014年6月

前　言

据统计，我国每年因自杀死亡高达25万人，因刑事案件死亡将近7万人。2012年，全国发生火灾152000多起，1000多人在火灾事故中死亡，近600人受伤，直接经济损失近22亿元；发生交通事故204000多起，60000多人在交通事故中死亡，224000多人受伤，直接经济损失近12亿元。这些触目惊心的数字告诉我们，安全问题仍然是人们面临的一个重要课题。

安全是人类生理之外的最大需求，人无论处于生命的哪个阶段，都要与安全朝夕相伴；安全是人的生命之源，健康之本；安全伴随着幸福，安全创造着财富，安全会使你终生受益。

大学生顺利完成学业需要安全保障，大学生健康成才，毕业后走向社会、报效祖国也需要安全知识来武装。具有较强的安全意识和较多的安全知识，是大学生综合素质与能力的重要体现。为增强大学生的安全防范意识，提高大学生防范各类案件、事故和抵御非法侵害的能力，维护大学生人身财产安全，北京高教学会保卫学研究会受北京市委教育工作委员会的委托，组织数十名高校大学生安全教育方面的专家、学者，于2006年7月编写出版了《大学生安全知识》。本书编委会及编写人员对北京市高校近年来大学生安全状况进行了广泛深入的调查研究，吸取了兄弟省市高校学生安全教育方面的经验，力求做到理论与实践的统一。本书集理论性、知识性、实用性于一体，文字通俗易懂，适合广大在校大学生阅读和学习，也可作为高校党政领导、学生工作干部、保卫工作干部的参考书。本书出版后受到大学生们的欢迎，众多学校将其作为教材，对大学生进行课堂安全教育，收到了良好的效果。为了使本书能切实反映高校学生安全新情况，内容更贴近广大学生的需求，北京高教学会保卫学研究会对本书再次进行了修订。希望《大学生安全知识》第4版的出版能对推动高校大学生安全教育工作深入开展发挥更为积极的作用。

编　者

2014年6月

目 录

第一章

绪论

第一节 安全环境与安全问题

我国高等教育事业的快速发展为大学生成才、报国创造了良好的机遇和条件。广大青年学生在大学里学习知识、增长才干、完善自我，毕业后步入社会，为国家经济和社会发展做出贡献。大学生的人身、财产安全和身心健康，是大学生在校学习、生活的基本保障，也是大学生成长、成才的先决条件。如果一名大学生因为各种安全事故或违法犯罪案件，造成生命凋零、身体残疾，或是身陷囹圄、学业荒废，不仅个人的遭遇令人感到痛惜和遗憾，也是国家和社会的极大损失。

一、大学生目前所处的安全环境

近年来，社会安全形势基本稳定，高校校园安全状况总体上也要好于社会整体水平。但是，随着我国经济发展与社会转型的逐步深入，以及教育事业的发展和教育管理体制改革的不断深化，大学生所处的安全环境也在不断发生着变化，大学生面临的安全形势值得关注。

（一）社会安全形势

当前，我国正处在深化改革的关键时期，社会治安形势总体上保持稳定，但形势依然严峻。社会不安全因素主要体现在：经济犯罪案件呈上升趋势，“黑社会”性质犯罪继续增多，制毒贩毒犯罪有较大增长，性犯罪不容低估，智能犯罪、技术犯罪有所增长，灭门凶杀、绑架、爆炸等恶性案件时有发生。其他形式的违法犯罪活动的发生率也有所上升。与此同时，地震、台风、泥石流、洪涝、冰雪灾害等自然灾害，流行性传染疾病等公共安全事件，以及各类安全生产事故，也给社会安全造成了比较大的影响。

近年来，北京市社会治安形势不断出现新的情况，局面比较复杂，呈现出三个方面的特点：一是刑事发案数量略有下降，但侵财类案件仍然多发，尤其是电信、网络诈骗案件多发、频发，影响人民群众的切身利益；二是放火、爆炸、绑架、杀人等重大恶性刑事犯罪案件时有发生；三是暴力恐怖活动的现实威胁不断加大。社会治安形势的这些特点直接影响着校园的安全状况。

（二）校园安全状况

据统计，2008 年到 2010 年，北京市高校发生各类影响校园安全稳定事端 726 起，发生多起因大学生用火、用电或吸烟不慎引发的火灾、火险，多名大学生死于交通事故，还有极少数大学生涉嫌违法犯罪，受到治安或刑事处罚。总体上看，高校校园安全问题主要体现在以下 10 个方面。

（1）针对高校师生的刑事犯罪活动有所增加，恶性案件时有发生。如 2003 年发生的“2·25”北大、清华餐厅爆炸案就是一个典型案例，罪犯为了制造轰动效应，把北京大学、清华大学这些著名学府作为实施犯罪活动的场所。又如，过去校园及周边很少发生的杀人、抢夺抢劫、人身伤害等恶性案件近年有所增多，违法犯罪的恶性程度也越来越高，尽管所占比例较低，但是对高校总体治安形势产生了严重的负面影响，也给社会安定带来了较大危害。

（2）因治安问题引发的不稳定事件偶有发生。近年来，高校因劳资纠纷、学生非正常死亡、当事人对治安问题处理结果不满等原因引发多起群体性事件，这类事件从表面上看是一部分人在维权或对学校的管理有不同意见，但是一旦事态扩大，容易成为群体性事件的导火索，影响和危害校园的安全稳定。另外，大学生之间发生矛盾并引发群体性斗殴事件也已发生多起，在事件的后续处理过程中，还曾出现学生围聚公安机关的群体性事件。

（3）各类诈骗案件显著增加。购物诈骗、电信诈骗、就业招工诈骗等花样翻新。

（4）侵害女大学生的案件不断出现。这类案件的作案人员多为校外人员，尤其是无业人员、外地来京务工人员。

（5）作案手段向高科技、高智能转化，网络犯罪上升较快。许多高校都发生了计算机遭受网络攻击以及网上诈骗、诽谤、恐吓、敲诈等案件。网络犯罪与普通违法犯罪活动的不同之处，不仅在于网络犯罪能造成相对更大的经济损失，而且由于其作案领域的虚拟性，实施活动的隐蔽性，使得案件侦破难度加大，容易引发一定的社会恐慌。

(6) 心理疾病造成在校大学生轻生和出走人数增多。近年来，在校大学生轻生事件屡屡发生，每年都有多名大学生自杀身亡，还有个别大学生离校出走，给学校和家庭造成很大的精神压力与负担。

(7) 大学师生参与社会经济活动引发的各类案件、事件显著增多，如非法传销、诈骗、勒索等。

(8) 实验室火灾、爆炸、中毒及学生宿舍等场所的火灾火情等安全事件的发生呈上升势头。

(9) 大学生交通伤亡事故屡有发生。

(10) 大学生外出旅游或参与探险活动中的人身伤害事件时有发生。

二、大学生面临的安全问题

大学生与其他社会群体相比，年龄普遍比较轻，社会阅历比较浅，自我保护意识与社会协调能力较弱；应对各种安全问题的经验不足，承受问题的能力有所欠缺。大学生的安全意识、安全素质和安全技能普遍有待提高；法律知识有待深化，法治观念需进一步强化。当前，大学生面临的安全问题主要有以下9类。

(1) 人身安全。人身安全是人类最重要、最基本的安全。人的生命只有一次，生命是顽强的也是脆弱的。大学生的人身安全也会遭遇不法侵害或意外伤害，个别大学生还由于种种原因而轻生、自残。

(2) 财产安全。财产安全是大学生学习生活的基础保障，也是最普遍、最多发的安全问题。大学生财产安全是指在校学习期间个人财物不受侵犯或损失。由于大学生集体生活的特殊性、校园公共空间的开放性和部分大学生防范意识薄弱或社会经验不足，大学生已成为不法分子进行盗窃、诈骗、抢劫抢夺、敲诈勒索等侵害的重点对象。同时，火灾等灾害事故，也会使大学生财产安全遭受损失。

(3) 国家安全及学校和社会稳定。维护国家安全及学校和社会稳定是大学生的责任。大学生是国家的未来和希望，也是境内外敌对势力拉拢利用的主要目标。大学生维护国家安全、维护学校和社会稳定既是应尽的义务与责任，同时也是在保护自己的个人利益免受损害。

（4）防火安全。大学生公寓宿舍等场所人员密集，实验室等场所易燃可燃物集中，如果不注意用火用电安全，极易引发火灾事故，造成人身和财产的重大损失。

（5）交通安全。车祸现已成为人类的第一杀手。100 多年来，全世界死于交通事故的人数达 3500 多万人，据有关部门统计数据显示，2011 年，我国共发生道路交通事故 210812 起，造成 62387 人死亡，237421 人受伤，直接经济损失超过 10 亿元。道路交通伤害已取代自杀成为“伤害死亡”的首要因素，成为全社会必须高度重视的公共安全问题，关系到人民群众的幸福感和安全感。而学生因交通事故死亡人数占学生非正常死亡人数的较大比例。

（6）教学生活安全。大学生在校学习期间，会遇到实验室安全、社会实践与实习安全、体育运动安全、食品卫生安全、传染性疾病预防安全、旅游出行安全、社会交往安全及自然灾害等容易造成大学生人身财产遭受损害的问题。

（7）心理安全。一些大学生不同程度地存在心理问题和心理障碍，其中有的患有心理疾病，个别人甚至走向轻生的极端，酿成悲剧。大学生心理安全应当引起高度重视。

（8）反恐安全。大学生在校学习、生活或参加各种社会活动期间，遭遇爆炸、绑架和劫持人质、投毒、恐吓威胁等恐怖活动的案例也偶有发生，反恐已成为不容回避的现实问题。

（9）违法犯罪。极少数大学生参与违法犯罪，受到了司法机关的处理，部分学生因此丧失了学籍，其教训深刻。

第二节　树立安全意识　掌握安全知识

一、大学生应具有的安全意识

大学生素质包含政治思想素质、文化业务素质、实验实践素质、理论研究素质、创新素质、身体素质、团队协作素质等多方面的内容。安全意识也是大学生综合素质的重要内容之一。大学生应树立以下几方面的安全意识。

(1) 维护国家安全的公民意识。国家安全是关系到国家存亡的大事。没有国家安全，就没有和平稳定的建设环境，就没有社会主义的现代化。每个公民都负有维护国家安全的责任和义务。大学生是社会主义现代化的建设者和接班人，是国家的未来和希望。大学生的国家安全意识如何，关系到国家的长治久安。因而，大学生应当树立维护国家安全的公民意识。

21 世纪是充满挑战的时代，教育是迎接挑战的重要工具，在国际竞争和国家安全中起着至关重要的作用。大学生必须清醒地认识到国家安全与自己的关系，要成为国家安全的坚定维护者。

(2) 对社会治安形势和校园安全状况的认知意识。当前，我国正处在社会主义市场经济体制逐步完善的历史时期，政治、经济、文化、社会生活等各个领域正在发生巨大而深刻的变化。利益的调整、观念的冲击、改革的阵痛，使各种社会矛盾和社会焦点问题不断增多，刑事犯罪活动呈增多之势，犯罪手段暴力化，方式组织化。近年来，爆炸、杀人、抢劫、绑架等暴力性犯罪十分突出，黑恶势力犯罪的危害非常严重，对人民群众的生命财产安全构成极大的威胁。而当今校园几乎完全融入社会，受社会治安形势的影响，校园犯罪也与社会同步，犯罪种类多样化，安全形势同样严峻。

大学生进入高校，远离父母，逐步开始独立生活，除了要面对学习、人际关系、周围环境和生活出现的新情况和新特点外，还必须对社会治安形势和校园安全状况有所认知，对社会的复杂性、多样性有认知意识，这样才能清醒地面对和处理社会事务，时刻保持警惕，做好自我保护工作。

(3) 主动的自我防范意识和面对突发事件的应变意识。社会治安形势的严峻和校园现实的安全状况，要求每一个大学生必须有主动的自我防范意识。无论在日常生活中，还是在社会交往、处理社会事务、外出活动中，首先要考虑到安全，要有自我防范意识，包括防火、防盗、防抢劫、防性骚扰和性侵害、防食品中毒、防交通事故、防诈骗等；要培养自己处理安全问题的能力，掌握涉及社会安全、自身安全等方面的知识和技能，在灾害事故发生时能够采取正确的行动保护自己，采取有效途径减轻灾害事故的危害，包括火灾逃生、应对暴力、紧急情况下的自我解救等。要学法懂法，学会依法保护自己的合法权益，使国家财产和自己的人身、财产不受侵害。

突发事件一般是指难以预料、突然发生、关系安危的超出常规的特殊情况，具有复杂性、危险性等特点。从非典疫情到禽流感，从北京密云游园踩踏事件到“5·12”汶川地震，从北大、清华的2·25爆炸案到云南大学的马家爵杀死四名同学案……，这些突发事件已经活生生地出现在社会生活中。在当前我国各种应急体系、公共服务体系逐步健全的同时，大学生也必须有面对突发情况的应变意识。

（4）遵纪守法的自律意识。遵纪守法是每一个公民的义务和行为准则，更是大学生应该具备的意识。大学生具有较高的文化知识，是社会文明的群体代表，在我们这个正在走向法治化的国家里，更应是遵纪守法的楷模。当前，极少数学生法治意识淡薄，违法乱纪现象屡有发生，而且随着近年学校办学规模扩大，校园开放，社会化程度增大，校园及人际环境变化，大学生违法、违纪事件呈现上升趋势，如校园中一直较为突出的盗窃、打架斗殴、聚众赌博以及近几年出现的涉黄涉毒、制造计算机病毒等，甚至行凶杀人在大学生中都时有发生，不仅严重影响了学校教学和生活环境，而且也危及社会秩序和国家的长治久安。因此，作为大学生来讲，必须严格自律，必须有遵纪守法意识，遵守社会基本准则，依法规范、约束自己的行为。要全面提高自身素质，增强法制观念，自觉遵纪守法，不去侵犯国家、集体的财产和他人的人身、财产安全，不危害社会，不参与违法犯罪活动。

（5）积极应对挫折的健康心理意识。挫折是大学生成长中不容忽视的问题。大学生在学习、生活、健康、人际关系等方面均不可避免地面临着各种挫折，它直接影响着大学生的社会化进程及其身心的健康发展。因此，大学生在遭遇挫折时要具备积极应对挫折的心理意识。

首先，要树立正确的价值观。冷静、客观地认识挫折，分析挫折，克服挫折，有效地控制自己的情感，提高分析问题和解决问题的能力。在学习、工作和生活中方向明确，目标专一，无论遇到什么困难，都要坚持正确的价值导向，心胸开阔，朝气蓬勃，健康成长。

其次，要培养健康的心理品质和心理承受能力。大学生不会永远呆在学校中，迟早要走入社会，而社会与学校相比，生活环境、工作条件、人际关系都会发生很大变化，这些变化难免会使那些心存幻想、踌躇满志的毕业生产生较大的心理上的反差和强烈的冲突。这时，健康的心理品质和心理承受能力是第一位的。只有形成健康的心理品质和心理承受能力，使自己在心理意识上与外部环境取得认同，才能正确对待社会的复杂性、多样性，消除自己在认知社会过程中的心理异常现象，促进认知结构各要素间关系相互协调发展，自我调节心态，克服心理障碍，提高意志行为水平，避免情绪的极端化。

二、大学生应掌握的安全知识

大学生社会阅历较浅，独立生活能力较差，缺少对社会复杂性的认知，缺乏必要的安全知识，在复杂的违法犯罪和不断增多的安全事故面前，缺乏应对能力，以致屡屡发生被盗、被抢、被骗、被侵害和伤害的案件和事故，影响和损害了大学生个人财产安全、身体健康和生命安全。

知识就是力量。安全知识是维护安全的重要力量。缺乏安全知识，在面临影响安全的因素面前，就会缺少办法和措施，就不容易规避危险，并因此遭受损失。相反，掌握和具备一定的安全知识，在学习、生活和社会实践中，就能够未雨绸缪，预先采取防范措施，防患于未然。在面临突发的影响安全的事件时，就能依据和运用法律和安全知识，千方百计避免遭受损失。当身处灾害和事故中时，也能够想方设法争取逃生、自救互救，最大限度地减轻损失。

大学生要通过学习和社会实践，掌握以下几方面的安全知识。

（1）维护国家安全、保守国家秘密、维护校园稳定的知识。包括国家相关法律、法规的基本内容，西方敌对势力、“法轮功”等邪教组织、民族分裂势力、非法宗教势力破坏我国政治稳定的政治目的和活动方式，以及维护国家安全、保守国家秘密、维护校园政治稳定、构建和谐校园、外事纪律、涉外安全等方面的知识。

（2）防范恐怖活动、应对突发事件的知识。包括恐怖活动的现状、恐怖活动的主要形式以及应对各种恐怖活动的方法；公共突发事件的类型及应对方法等方面的知识。

（3）防范火灾、交通事故的知识。包括火灾事故产生的原因和条件，火灾的预防，初起火灾的扑灭，火灾报警，灭火器的种类、用途、使用方法和火灾中的逃生方法；与大学生有关的交通事故的主要类型和教训，行人、骑自行车人、机动车驾驶人应遵守的交通法规，发生交通事故时的处置方法等方面的知识。

（4）维护人身财产安全方面的知识。包括防凶杀、防事故伤害、防盗、防抢夺、防抢劫、防诈骗、防滋扰、防性侵害以及发生人身财产被伤害或侵害后如何处置等方面的知识。

（5）科学使用网络方面的安全知识。包括网上交友安全，抵御不良信息侵害，上网的生理、心理安全以及预防网络违法犯罪等方面的知识。

（6）保障教学安全方面的知识。包括实验、实习、社会实践和体育运动及择业就业等方面的安全知识。

（7）心理安全方面的知识。包括不健康的心理表现和原因以及增进心理健康、预防心理问题等方面的知识。

（8）预防大学生违法犯罪方面的知识。包括大学生违法犯罪的主要形式和原因以及大学生违反学校纪律的主要表现和原因等方面的知识。

（9）日常生活中的安全知识。包括办理户口、身份证、暂住证、边境通行证等手续，预防传染病、食物中毒和旅游、登山安全，预防触电、雷击、溺水、一氧化碳中毒等意外事故，发生案件、事故和疾病的报警求助、自救互救以及人身保险等方面的知识。

（10）预防和应对地震、海啸、泥石流等自然灾害的知识。

第二章

维护高校稳定　构建和谐校园

第一节　维护高校稳定

一、影响高校安全稳定的因素

大学生在校期间学习任务十分繁重，学习时间非常宝贵，一个稳定的校园环境对大学生顺利完成学业至关重要。在我国高等教育历史上，曾多次发生影响校园政治稳定的事件。这些事件的发生严重破坏了学校正常的教学秩序，使大学生的学习时间得不到保证，精力无法集中，学业被荒废，思想受到错误思潮的侵害，不仅给大学生个人造成了难以弥补的损失，也给国家的人才培养和经济社会发展带来了严重危害。大学生在这些事件中最终成为受害者。

改革开放以来，我国发生了翻天覆地的变化，目前已成为世界第二大经济体，国际地位和国际影响力空前提升。当前我国政局总体稳定，广大人民群众在党的领导下，正在中国特色社会主义道路上奋力实现中华民族伟大复兴的中国梦，社会生产力不断发展，人民生活水平逐渐得到提高。与此同时，在高等教育事业快速发展的过程中，保持了大学校园的政治稳定，为大学生们创造出了良好的学习环境。但是也应清醒地看到，当前影响我国社会和高校政治稳定的因素依然存在。如果这些因素在某种条件下膨胀起来，就会影响到校园稳定的大局，对大学生的学习和生活产生直接影响。这些因素主要表现在以下8个方面。

（1）境内外敌对势力的渗透、颠覆和破坏活动。境内外敌对势力不希望看到社会主义中国的发展强大，从未停止对我国实施“西化”“分化”的战略图谋。他们也很清楚我国高等学校的重要地位和作用，声称“掌握了中国的大学生，就掌握了中国的未来”。

（2）民族分裂势力的破坏活动。民族分裂势力蓄意挑起民族纠纷，挑拨民族关系，制造民族分裂，破坏民族团结，以达到颠覆我国社会主义制度的目的。这也是境内外敌对势力惯用的伎俩之一。“台独”“藏独”和“东突”等民族分裂势力一直在境内外猖狂活动，不断图谋向境内高校进行渗透。

（3）非法宗教势力的活动。非法宗教势力违反我国的法律规定，通过多种渠道向高等学校投寄、散发宗教宣传品，散布“主预言社会主义必将灭亡”等言论。有的驻华使馆人员及境外人员利用其合法身份，在大学生中非法传教，散布对中国共产党和社会主义中国的不满言论。

（4）“法轮功”等邪教组织的滋事、捣乱活动。在我国境内，还存在极少数“法轮功”顽固分子，他们与境外“法轮功”组织相互勾结，从未停止滋事、捣乱活动，一有机会就跳出来散布谣言，挑起事端。

（5）有害网络信息的负面影响。随着信息技术的快速发展，互联网以惊人的深度和广度影响我们社会生活的方方面面，也悄然改变着人们的交往、思维和生活方式。互联网是一把双刃剑，在给我们的学习和生活带来极大便利的同时也存在很多负能量：不负责任的网络谣言、别有用心的恶意炒作、意见领袖的蓄意鼓动、网络水军的推波助澜等等。这些有害信息会对大学生的心智成熟产生不良影响，甚至引发影响稳定的事端。

（6）新形势下出现的诸多问题和矛盾。我国目前处于发展的重要战略机遇期，又处于社会矛盾凸显期，各种利益冲突频现。高校人员和社会有着千丝万缕的联系，社会上的问题和矛盾不可避免地会通过各种途径传递到校园内来；由于大学的社会地位和影响，社会上的一些人遇到解决不了的问题和矛盾也常常到学校里来寻求帮助，有时甚至会采取在校园内制造事端以扩大影响等非法手段求得问题的解决。这些都可能对校园的安定和秩序带来不利影响。

（7）高校内部矛盾增加。在高校深化管理体制改革的过程中，一些涉及师生利益的改革措施相继出台，因工资、住房、医疗、伙食以及收费等方面问题产生的人民内部矛盾有所增加。当一些矛盾暂时难以调和的时候可能导致矛盾激化，引发不安定事端。

(8) 涉及国家利益、民族尊严等重大问题的认识偏差与过激行为。大学生普遍具有强烈的爱国主义精神，对涉及国家利益、民族尊严的重大问题极为敏感。但是，有的大学生由于缺乏政治经验与大局观念，对党和国家的战略与政策理解不深，往往容易意气用事，出现一些偏激行为。

(9) 某些案件和事故导致的群体性事件。高校周边地区和校园内部治安环境复杂，刑事、治安案件和交通事故等时有发生，有的案件或事故伤害到了大学生，引起了大学生的关注，一旦冲动，容易引发群体性事件。

二、大学生要做维护校园稳定的模范

大学生是十分宝贵的人才资源，充满活力与热情，是维护高等学校政治稳定的积极而重要的力量。大学生要做维护高校政治稳定的模范，应努力做到以下几点。

(1) 努力践行社会主义核心价值观，自觉抵制境内外敌对势力的渗透和破坏活动。坚定的理想信念，是我国人民团结一致的思想基础，是克服艰难险阻的法宝，也是保障社会稳定的关键。党的十八大提出了“两个一百年”的奋斗目标。习近平同志2014年5月4日在北京大学的讲话中指出：“实现我们的发展目标，实现中国梦，必须增强道路自信、理论自信、制度自信”“而这‘三个自信’需要我们对核心价值观的认定作支撑。”习近平同志在中共中央政治局第十四次集体学习（2014年4月25日）时强调，要切实维护国家安全和社会安定，为实现奋斗目标营造良好社会环境。

当前影响我国政治稳定的主要是境内外敌对势力、民族分裂势力、宗教极端势力和邪教组织的渗透和破坏活动。邓小平同志曾反复强调：“中国的问题，压倒一切的是需要稳定。没有稳定的环境，什么都搞不成，已经取得的成果也会失掉”。习近平同志在中共十八届三中全会上也指出：“国家安全和社会稳定是改革发展的前提。只有国家安全和社会稳定，改革发展才能不断推进。”大学生发现境内外敌对势力、民族分裂势力、宗教极端势力和邪教组织的渗透和破坏活动，要及时向学校报告，要同它们作坚决的斗争，努力维护安定团结的大局。

（2）承担起历史责任，理性理解爱国主义。大学生是民族的希望，是祖国的未来，党和人民希望他们成为可靠的社会主义事业的建设者和接班人。历史证明，青年兴则国家兴，青年强则国家强。中共十八大描绘了全面建成小康社会、加快推进社会主义现代化的宏伟蓝图，发出了向实现“两个一百年”奋斗目标进军的时代号召。我们要为实现中华民族伟大复兴的中国梦而奋斗，中国梦是国家的、民族的，也是每一个中国人的，更是青年一代的。中华民族伟大复兴终将在广大青年的接力奋斗中变为现实。使梦想从学习开始、让事业靠本领成就。正确认识社会发展规律，认识国家的前途命运，承担起自己的历史使命和社会责任，在维护社会稳定的大局中发挥积极的模范作用。

热爱祖国是中华民族的光荣传统，爱国主义是我们民族的伟大凝聚力。我们的爱国主义不是资产阶级民族主义或以孤立、保守、排外为特征的狭隘的民族主义，一个成熟的爱国者不会忘记历史，更会以对国家未来负责的态度，理性选择自己的爱国行为。在过去发生的学潮或突发事件中，有的是以爱国主义为主题的，表现了青年学生的爱国热情，这是不容置疑的。但是也有少数人错误地认为在爱国的题目下什么事情都可以做，或者幼稚地认为爱国就不要购买和使用某某国家的产品，否则就是卖国主义。大学生一定要全面、科学、正确、理性地认识爱国主义，努力了解国际外交斗争的形势和复杂性，学习外交斗争的艺术，使自己的言行符合自己爱国的初衷，才能更好地维护国家的利益。

（3）提高思想水平，正确看待在改革发展过程中出现的问题和矛盾。

对社会中存在的消极的一面，首先，我们要确认这是前进中出现的问题和矛盾，其中有的是难以避免的。要知道，人类社会总是在矛盾中发展进步的。第二，在我国，广大人民的利益根本上是一致的，党和政府是为人民的利益而奋斗的，我们具有不断解决矛盾、促进社会和谐的根本前提和社会制度保证。第三，对存在的问题和矛盾，党和政府已经认识到并不断采取了各种应对和化解措施。中共十八届三中全会通过的《中共中央关于全面深化改革若干重大问题的决定》

强调："创新社会治理，必须着眼于维护最广大人民根本利益，最大限度增加和谐因素，增强社会发展活力，提高社会治理水平，全面推进平安中国建设，维护国家安全，确保人民安居乐业、社会安定有序。"第四，实践证明，党和政府在解决当前社会存在的问题和矛盾上已经取得了显著成效，并清醒地认识到这方面工作的长期性、艰巨性、复杂性，因而正在不断总结经验，加大力度，力争把这些消极因素减少到最小程度。第五，青年是国家的未来，民族的希望，应该以主人翁的态度和全国人民一道，努力在化解矛盾、促进社会和谐中贡献自己的力量。

(4) 学会辨别真伪，自觉抵制网上不良信息。改革开放以来，大学生面临着大量西方文化思潮和价值观念的冲击，社会上的各种思潮也不可避免地会传播到学校来。敌对势力或者别有用心的人一贯把青年学生当作工作重点，他们企图利用青年人缺乏经验、思想上与心理上还不够成熟的弱点，以达到自己的目的。大学生对此要保持警惕、头脑清醒，要通过学习和实践不断提高自己的政治意识和理论素质，提高识别各种错误思潮的能力，善于辨别真伪和是非，善于识破敌对势力和别有用心人的各种企图，努力维护高等学校和全社会的政治稳定。

对网上的有害信息，特别是影响政治稳定的有害信息，要努力分辨，自觉抵制，不受它的影响。对于一时分辨不清的，要向学校咨询、核实、查证，而不要轻信，不要随波逐流。自觉抵制网上不良信息的影响，就是维护稳定的实际行动。

(5) 理解和支持学校的改革，正常途径反映意见。为了提高办学水平和质量，适应社会主义现代化建设的需要，高等学校不断进行办学体制、学科设置、学科建设、人才培养模式、人事制度、分配制度、管理制度、后勤等方方面面的改革，有些改革措施涉及学生的利益，学生对于学校的某些改革措施有这样那样的意见，是完全正常的。即使学生内部，意见也不一定统一。

大学生要理解和支持学校的改革。面对经济社会发展的新形势新任务，必须深化高等教育改革，推动高等教育的内涵式发展。为此，国家制定了《国家中长期教育改革和发展规划纲要(2010—2020年)》，进行旨在提高教育质量的各项改革。学校的具体改革措施，不一定完备，甚至可能有缺陷。学生对涉及自身利益的改革措施表示关注，是完全正当的，但要学会通过正常的途径反映意见，如通过学生中的党团组织、学生会、研究生会向学校有关部门反映意见，也可以通过学校校园网络反映意见。学生通过正常途径反映意见，不仅是正确行使民主权利的体现，也有利于维护学校的政治稳定。

(6) 妥善处理各类纠纷，主动化解矛盾。在高校内部，大学生之间、大学生和教职工之间、大学生和教职工家属之间、大学生和学校外来人员之间，难免发生一些矛盾和纠纷。这些矛盾和纠纷处理不当，就有可能激化，影响学校的正常秩序和安定团结。大学生要依据法律和学校的规章制度妥善处理这些矛盾和纠纷，构成刑事案件、治安案件的，报公安部门和学校保卫部门处理；未构成刑事案件、治安案件的，由学校相关部门或者保卫部门调解解决。调解过程中，大学生要实事求是地反映情况，提出维护个人利益的合理要求，决不能在矛盾和纠纷中推波助澜，更不能使刑事案件、治安案件、普通纠纷演变为影响学校秩序和稳定的政治事件。要经过协商、调解，主动化解矛盾。自己有错误的，主动做自我批评；自己没有错误的，也要得理让人，化干戈为玉帛。

第二节 崇尚科学 反对邪教

一、邪教的危害性

邪教是使信徒的人格受到损害及其与正常社会环境的感情联系和交流渠道遭到严重破坏的一种极端组织。邪教不是宗教，但它常常冒用正统宗教的名义，以宗教的面目出现，借以迷惑吸引教徒。邪教是社会肌体上的毒瘤。近年来，邪教已经成为国际社会范围内的一大公害，引起了各国政府和人民的重视。据了解，世界上出现过的各类邪教组织多达两万余种，遍及大多数国家，邪教信徒逾亿人。其中美国的“大卫教”“人民圣殿教”“上帝之子”“天堂之门”，日本的“奥姆真理教”，乌干达的“恢复上帝十戒运动”，法国的“太阳圣殿教”，韩国的“统一教”等邪教组织发展较大，参加的人较多。邪教散布恐惧，让人们放弃目前的学习、工作和生活，公开反对科学，坐等升天，残害生命。如1993年美国德克萨斯州的“大卫教”事件中，有86人葬身火海；1994年瑞士的“太阳圣殿教”事件中，914名教徒自杀；乌干达邪教组织“恢复上帝十戒运动”制造了近千人集体自杀的惨剧；1995年“奥姆真理教”在东京制造的“沙林”毒气事件中，有12人死亡，5500人中毒。

2014年5月28日，为宣扬邪教，发展成员，“全能神”邪教人员张立冬等6人，在山东招远市罗峰路麦当劳快餐厅内向周围就餐人员索要电话号码。当索要被害人吴××电话遭到拒绝后，张立冬等人认为其为“恶魔”“邪灵”，应将其消灭，遂实施殴打，致被害人死亡。

改革开放后，邪教组织在我国逐渐发展起来。20世纪80年代，邪教势力大多在偏远地区活动；到20世纪90年代新生邪教多以中心城市为基地扩张；进入21世纪，当代邪教势力开始出现国际化的趋势。近些年来，在国内较为活跃的邪教组织有“法轮功”“全能神”“呼喊派”“门徒会”“统一教”“观音法门”、“血水圣灵”“全范围教会”“三班仆人派”“灵仙真佛宗”“中华大陆行政执事站”等；除此之外，“灵灵教”“华南教会”“被立王”“主神教”“世界以利亚福音宣教会”“圆顿法门”“新约教会”“达米宣教会”“天父的儿女”等邪教组织在我国境内也有非法传教、聚众滋事等活动。

依法防范和打击邪教，是每一个国家政府的职责，也是全社会公民包括大学生在内的共同责任。任何一个负责任的政府，都不会听任邪教危害人民的生命安全，破坏公共秩序和社会稳定。我国九届全国人大常委会第十二次会议于1999年10月30日通过了《关于取缔邪教组织、防范和惩治邪教活动的决定》，明确指出要“坚决依法取缔邪教组织，严厉惩治邪教组织的各种犯罪活动”。

以李洪志为首的“法轮功”组织是新中国建立以来出现的规模最大、危害最深的邪教组织。它冒用气功、宗教名义，歪曲宗教经典，大肆散布歪理邪说，引诱蒙骗群众，也毒害了不少在校的学生，造成了痴迷者自残、自焚、自杀等严重后果。

“法轮功”等邪教组织毒害大学生心灵，危害大学生的健康成长，对正常的校园教学、科研秩序也造成了破坏。它否定和反对科学，宣扬主观唯心论和迷信等内容；煽动聚众闹事，与政府对抗，攻击中国共产党的领导，诋毁和诬蔑国家领导人；散布邪教谎言和各种不实政治流言；在校园内散发卡片、手册、光盘等非法宣传品；拨打骚扰电话、发送电子垃圾邮件、张贴标语……这些非法宣传、破坏活动，干扰了正常的教学、科研和生活秩序，破坏了高校和我国社会安定稳定的局面。

二、大学生要做崇尚科学的模范

（一）崇尚科学精神，反对迷信思想

科学技术是第一生产力。科学的力量改变了世界的面貌。科学思想是惟一能够指导人们前进的精神力量。中国共产党的历史，是崇尚科学、破除迷信的历史，是领导中国人民坚持用马列主义的科学世界观不断破除迷信、按照科学规律艰苦创业的历史。科学，是关于自然、社会和思维的知识体系，是人类对于自然规律和社会发展规律的认识与把握，是推动历史进步的杠杆和基石。迷信，则是一种无知，一种对于自然力量和社会力量的畏惧和屈服。科学和迷信是对立的。科学使人聪明，使国强盛；迷信使人愚昧，使国衰落。在日益深入的社会变革和复杂多变的国际风云中，科学的力量是决定性的力量。当今世界，科学迅猛发展，技术日益创新，科学正在推动着人类社会飞速前进。中共十八大报告明确地把科学发展观作为全党全社会必须长期坚持的指导思想，反映了中国改革发展实践的客观要求。全面深化改革，坚持科学发展，提高科学执政、民主执政、依法执政水平，必将大大推进我国全面建成小康社会的步伐。无数事实证明，科学是使国家富强、人民幸福、社会和谐的惟一力量。在未来的国际竞争中，我们要能站稳脚跟，战胜一切艰难险阻和邪恶势力，尽快把我们的国家建设成一个强大的国家，就必须崇尚科学，发展科学，依靠科学，破除迷信，清除一切伪科学、假科学、反科学逆流的影响。大学生要使自己成为国家有用之才，真正为人民谋幸福，就必须崇尚科学，坚信科学，努力学习科学，用科学知识、科学方法、科学思维、科学技术去反对和揭穿一切形式的迷信和邪说。

（二）坚持唯物主义，反对唯心主义

唯物主义认为世界本质上是物质的，是不依赖人的意志而客观存在的，物质是第一性的，意识是物质存在的反映，世界是可以认识的。唯心主义认为物质世界是意识、精神的产物，意识、精神是第一性的，客观世界是主观意识的体现或产物。辩证唯物主义和历史唯物主义是科学的世界观，是认识世界、改造世界的锐利武器。辩证唯物主义和唯心主义是根本对立的。

“法轮功”等邪教组织所宣扬的是一种唯心主义的神秘论。它宣称拥有使一切问题迎刃而解的灵丹妙药，可以使精神战胜物质。历史唯物主义认为，社会发展不是什么超自然、超社会的力量推动的，也不是某个“神”推动的，是社会生产力决定社会的发展，是人民群众创造历史。历史已经证明，当一个人坚持唯物主义时，就能做出较大的贡献；当他偏离唯物主义走向唯心主义时，就很难再有作为。中国历史上的一些人物，当他们符合历史发展规律时，就有所作为，当他们“不问苍生问鬼神”时，便气数将尽。当代的大学生必须坚持科学的世界观，做一个坚定彻底的唯物主义者。只有这样，才能在错综复杂的形势下，排除任何形式的唯心主义的干扰，始终保持强大的精神力量，为国家发展和民族复兴做出应有的贡献。

（三）注意心理健康，不要自我封闭

“法轮功”及其他邪教组织编造了一整套歪理邪说，说得天花乱坠，好处多多，使你佩服得五体投地，从而实现对人思想上的渗透、腐蚀。那些相信“法轮大法”的人，都在心理上对其产生了依赖，以至达到难舍难分的程度。有的大学生在学习、生活、恋爱等方面遇到困难和挫折或者是身体有某种疾病而陷入苦恼的时候，或者对社会上的腐败现象和不正之风缺乏正确、科学的分析而想逃避现实、追求洁身自好、独善其身的时候，不去找老师谈，不去和同学、朋友交流，而是自我封闭，苦思苦想自我解脱的途径。邪教组织利用人们的善良愿望，向修炼者许诺，只要你练功和修炼心性，就能祛病健身、解除心理困惑。不仅如此，它还能使你获得一种神奇的功能，达到一种超常的境界。在各方面关心帮助不够的情况下，邪教组织所宣扬的歪理邪说乘虚而入。有些人为了摆脱精神压力，在心理上投向了“法轮功”等邪教组织，以为找到了灵丹妙药，以至越陷越深，越深越信，越信越迷。提高心理素质，是抵御一切错误思潮侵蚀的有效措施之一。大学生要注重培养自己良好的心理品质和自尊、自爱、自律、自强的优良品格，增强克服困难、经受考验、承受挫折的能力，要注意心理健康，积极参加班级的集体活动，多交朋友多谈心，把自己融入集体之中。

第三节　构建和谐校园

一、构建和谐校园的意义

《国家中长期教育改革和发展规划纲要》（2010—2020年）中指出："切实维护教育系统和谐稳定。加强和改进学校思想政治工作，加强校园文化建设，深入开展平安校园、文明校园、绿色校园、和谐校园创建活动。"

大学是社会的一部分，构建和谐校园是构建社会主义和谐社会的重要组成部分。一个和谐的校园将会对其自身的发展和社会主义和谐社会的建设发挥巨大作用，将有利于大学生健康成长。

大学的根本任务是培养人才，培养人才需要良好的育人环境。在改革不断深入和市场经济日益发展的条件下，高校内各种不甚和谐或完全不和谐的现象不可避免地仍然存在。这就必然会给高校正常的教学科研秩序和安宁的校园生活环境带来负面影响。高校要通过深入学习和领会中央关于构建和谐社会的精神，深入思考并采取一系列切实有效措施，努力构建"校园和谐"的运行机制，创建有利于人才成长的环境，包括建立流畅、科学的工作协调机制，畅通、公正、规范、民主的社会利益表达机制和利益协调、矛盾疏导机制，建立健全快速、有效、全方位的校园安全保障机制、不稳定事端的预警机制等，真正实现高校各项事业全面、协调、可持续发展，实现校园的和谐。

构建和谐校园对于保障学校有一个良好的秩序，为更好地开展教学和科学研究提供较好的环境奠定了基础。和谐校园还促成了人际关系的和谐，教师、学生、管理服务人员之间的关系融洽，每一个人的积极性、创造性得以充分发挥，每一个人的活力得以充分显现，这必然会创造良好的育人环境，有利于大学生进行正常的学习和生活，尽快成才。

二、大学生在构建和谐校园中应发挥的作用

学生是学校的主体，也是学校的主人。没有大学生主体作用的充分发挥，是不可能实现校园和谐的。在构建和谐校园中，大学生应该发挥积极作用，做到以下几点。

（1）身体力行，努力维护校园稳定。稳定是建设和谐校园的必然要求。没有稳定的校园，就谈不上校园的和谐。在当前及今后一段时间，高校在发展过程中将面临诸多的问题和矛盾；此外，社会问题与高校内部问题相互穿插，治安、交通和生活等问题相互影响，思想认识问题与敌对势力的影响相互交织，致使影响高校稳定的因素复杂化、多样化。面对复杂的国际国内环境和各种矛盾问题，作为大学生，要顾全大局、冷静理智、依法有序地表达自己的诉求和爱国情感，自觉维护国家安定团结的政治局面和校园稳定。

（2）遵纪守法，维护校园良好秩序。法规、纪律和管理制度是校园安全、有序、稳定的基本保障，也是构建和谐校园的基本要求。一个漠视法规、无视纪律、缺少制度而秩序混乱的校园既不能保持稳定，更谈不上和谐。在一定意义上，和谐社会也就是法治社会。只有实行法治，才能维护良好的社会秩序，保证社会的安定有序。因此，在构建和谐校园中，每个大学生不仅自己要遵纪守法，还要帮助、劝导别人也要遵纪守法，坚决和一切违法乱纪的行为作斗争，积极维护法律的尊严，维护纪律的权威，以使校园达到民主法治、安定有序，进而实现校园的和谐。

（3）讲究公德，树立社会主义道德。公德，即公共道德。道德，是人们共同生活中的行为准则和行为规范，是人们精神境界在外部的反映。道德有阶级性，不同的阶级有不同的道德标准。道德通过社会舆论对社会生活、对人的言行发挥约束作用。社会主义道德是人类历史上最先进、最文明的道德，是人类精神境界的升华。一个和谐社会必然是道德高尚的社会，一个明礼诚信、团结友爱、文明向上的社会。大学生要坚持知行统一，积极开展道德实践活动，把道德实践活动融入自己的学习生活之中，要以“八荣八耻”作为自己的行动指

南，牢固树立社会主义的荣辱观。

（4）乐于助人，发扬甘于奉献精神。乐于助人，甘于奉献，是中华民族的优良传统和美德。孟子曾说："生，亦我所欲也；义，亦我所欲也。二者不可得兼，舍生而取义者也"。义，就是正义、道义、情义，简单地说就是做好事，乐于助人，勇于奉献。当代伟大的文学家巴金说："生，的确是美丽的，乐生是人的本分。有些杀身成仁的志士勇敢的戴上荆棘的王冠，将生命视为敝履，他们并非对于生已感到厌倦，相反的，他们倒是乐生的人"。中华民族从来都把乐于助人、勇于奉献作为自己的行为准则，甚至献出自己的生命也在所不惜。和谐校园要求人们互帮互助，团结友爱，融洽相处；在别人遇到困难、挫折或者需要帮助的时候，能够支持别人、鼓励别人、帮助别人，给人以力量。大学生积极参与各种志愿活动，为群众开展无偿服务，为他人排忧解难，这就是帮助别人、勇于奉献的实践，也是在为构建和谐校园贡献力量。

（5）热爱集体，发挥集体主义精神。集体主义精神是社会主义社会所倡导的精神，它要求人们一切从集体出发，把集体利益放在个人利益之上。集体主义和个人主义是相对立的。个人主义是一切从个人出发，把个人利益放在集体利益之上，只顾自己，不顾别人。个人主义思想严重的人，很难融入集体、融入社会，很难与别人相处和合作，也就不能达到和谐。大学生要大力提倡集体主义精神，做事情、处理问题，先考虑集体，先想到别人，不要一事当前，首先为自己打算，要做到先公后私，先人后己，使自己和别人融洽相处，达到人际关系的和谐。

第三章

反对恐怖活动　应对突发事件

第一节　恐怖活动及其对大学生安全的威胁

习近平同志2014年4月25日在中共中央政治局第十四次集体学习时强调，暴力恐怖活动漠视基本人权、践踏人道主义，挑战的是人类文明共同的底线，既不是民族问题，也不是宗教问题，而是各族人民的共同敌人。习近平同志同时指出，反恐怖斗争事关国家安全，事关人民群众切身利益，事关改革发展稳定全局，是一场维护祖国统一、社会安定、人民幸福的斗争，必须采取坚决果断措施，保持严打高压态势，坚决把暴力恐怖分子嚣张气焰打下去。

一、当代国内外恐怖活动状况

进入21世纪以来，恐怖活动对国际社会的冲击明显加剧，已成为影响地区和世界安全局势的一个突出不稳定因素。特别是2001年发生在美国的“9·11”恐怖袭击则把恐怖活动推向了高潮。恐怖活动在一些国家此起彼伏，爆炸、绑票与劫持人质、劫机、劫船、劫车、暗杀、袭击等形式的恐怖行为急剧增多。

当前恐怖活动在我国主要表现为：带有强烈意识形态色彩的民族分裂组织和极端宗教势力活动频繁，以极端暴力手段进行的社会攻击性恐怖活动、以个人利益为目的的恶性恐怖犯罪、帮派及黑社会势力所进行的带有强烈社会恐怖效应的暴力犯罪活动等不断发生。

20世纪90年代以来，在国际敌对势力的怂恿和支持下，在我国新疆、西藏等少数民族地区，境内外民族分裂主义势力的活动日益猖獗，呈现出跨民族、跨地区的联合趋势。非法宗教掩护下的反动宣传甚嚣尘上，民族分裂主义“政党”、组织和团伙大量出现，各类以民族分裂为目的的暴力恐怖活动的频率和强度不断加大。

境内外的“东突”势力在极端主义、分裂主义和国际恐怖活动的影响下，为实现建立所谓“东突厥斯坦国”的目的，策划、组织了发生在我国新疆和有关国家的一系列爆炸、暗杀、纵火、投毒、袭击等恐怖暴力事件，严重危害了我国各族人民群众的生命财产安全，成为影响我国社会稳定的毒瘤，并对有关国家地区的安全与稳定构成了威胁。2009 年 7 月 5 日，由境内外民族分裂势力相互勾结，境外策划煽动，境内组织实施，在新疆乌鲁木齐市制造了一起十分严重的打砸抢烧暴力犯罪事件，192 人在事件中死亡，1721 人受伤，331 间店铺、627 辆汽车被砸烧。2014 年 3 月 1 日，新疆分裂势力在昆明火车站实施了一起严重暴力恐怖事件，数名统一着装的暴徒蒙面持刀在火车站广场、售票厅等处砍杀无辜群众，致死 29 人，致伤 143 人。2014 年 5 月 22 日，在新疆乌鲁木齐市沙依巴克区公园北街早市发生严重暴力恐怖案件，造成 39 名无辜群众遇难，94 人受伤。实施此案的暴恐团伙努尔艾合买提·阿布力皮孜等人长期受宗教极端思想影响，参加非法宗教活动，收听收看暴力恐怖音视频；为实施暴力恐怖犯罪，该团伙购买制爆原料和作案车辆，制作爆炸装置，选定袭击目标，并实施了暴力恐怖犯罪。

成立于 1970 年的藏青会是达赖分裂集团的权力核心，是藏独势力最具影响力的分裂组织，有成员 3 万多人，在全球包括美国在内设了 70 个支部。2008 年 1 月，藏青会正式宣布实施“西藏人民大起义运动”，并连续举办包括游击战、爆炸技术在内的培训班，招募人员，策划暴力袭击。2008 年 3 月 14 日，在达赖民族分裂集团的策划和藏青会的组织下，西藏拉萨发生打、砸、抢、烧严重暴力事件，烧（杀）死藏汉群众 18 人，给当地人民生命财产造成重大损失。之后他们又策划组织了“3. 16”四川阿坝藏族、羌族自治州打、砸、抢、烧事件，“3. 18”甘肃甘南藏族自治州打、砸、抢、烧严重暴力事件等。在北京奥运会火炬全球传递活动中，达赖集团和藏青会又策划组织了一系列破坏活动。

与此同时，随着改革开放的深入，我国正进入社会结构的转型期，社会不稳定的因素明显增加，以极端暴力手段报复社会的恐怖活动逐渐呈上升趋势。新中国建立初期被铲除的一些黑社会组织和暴力犯罪集团也死灰复燃，以不同的形式和表现方式，或分散或集中，或公开或隐蔽，不断采取绑架、劫持、爆炸、抢劫等手段向社会示威。

二、恐怖活动对大学生安全的威胁

“基地”组织是世界上最大的国际恐怖组织之一，在“基地”组织的恐怖手册中，明确把学校列为恐怖活动的重要目标：“因为那是异教徒中的精英和未来所在，防备松懈……”；“东突”恐怖组织在他们培训用的小册子中也把学校、幼儿园、医院列为“圣战”的重点目标。

早在20世纪90年代，“东突”分裂主义分子就把魔爪伸向了高校，他们在学校少数学生中发展组织成员，进行民族分裂宣传活动。被公安机关通缉的几个参与恐怖暴力活动分子也混进高校校园，以组织和参加培训为名，掩护其身份，暗地里与恐怖组织频繁联系，策划阴谋破坏活动。在北京的几所高校中也曾发现参加民族分裂组织的学生，个别学生还成为民族分裂组织的负责人。

2003年2月25日中午11时20分许，20多岁的福建籍青年黄灵翔为了达到实施爆炸活动制造个人影响的目的，先后来到清华大学荷园教工餐厅、北京大学农园餐厅放置定时爆炸装置。11时50分、13时20分许，两个爆炸装置分别爆炸，造成9人受到不同程度的身体伤害，两食堂的部分建筑被炸毁，财产损失达人民币22万余元。黄灵翔因爆炸罪被判处无期徒刑。在清华、北大两所高校发生的前所未有的校园爆炸伤人案，震惊了全国，受到世界的关注。

2004年9月1日，一伙武装分子占据了俄罗斯北奥塞梯共和国别斯兰市第一中学，并将大约1500名出席开学典礼的学生、老师和家长关押在校园体育馆内作为人质。9月3日，俄罗斯特种部队突击队员冲进被武装分子占据的学校，同扣押数百名师生的恐怖分子进行了激烈枪战。这次别斯兰人质事件共造成包括172名儿童在内的331人死亡，700多人受伤。

“别斯兰人质事件”同期，在北京、山东、江苏、湖南等地校园相继爆发了一系列针对学生（幼儿）的暴力恐怖事件。近年来，个别高校的学生收到过恐怖信件、恐怖电子邮件和恐怖手机短信，还发生过大学校长被绑架的案件。这表明，学校由于防范恐怖袭击的脆弱性和发生恐怖事件所产生的独一无二的轰动效应，开始成为恐怖组织和严重刑事犯罪分子所青睐的袭击目标。

爆炸和劫持人质是恐怖分子在校园使用最多的恐怖活动手段。前者（包括自杀性爆炸和遥控装置爆炸）易造成巨大的声响、大面积的破坏和大量的人员伤亡，十分符合恐怖活动以少数人的力量制造尽可能大的轰动效应和尽可能大的威胁压力的要求；而后者可通过现代化新闻网络瞬间传遍全球，从而给整个社会造成一种挥之不去的恐怖心态，从而达到恐怖分子所需要的借助媒体实现骇人听闻的政治目的和报复社会的心理目的。

第二节 恐怖活动的形式及其应对

纵观世界上发生的恐怖活动，主要形式有爆炸、绑架与人质劫持、暗杀、投毒、破坏计算机信息系统等。在高校中发生可能性比较大的恐怖活动也以上述形式为主。

一、恐怖爆炸活动及应对

在恐怖活动中，爆炸恐怖活动有愈演愈烈之势。进入21世纪后，几乎每天都有一起或数起爆炸惨案发生。2001年，爆炸恐怖活动事件约占国际恐怖活动的75%。“美国的‘9·11’恐怖事件”“印尼巴厘岛爆炸事件”“伊拉克巴格达的连环爆炸案”“西班牙‘3·11’马德里火车站爆炸事件”“2013年4月美国波士顿马拉松爆炸案”“2013年12月俄罗斯索契冬奥会前伏尔加格勒的连环爆炸案”等一系列震惊世界的重大恐怖事件都与爆炸相关。上述事实充分说明，爆炸恐怖活动已成为当今恐怖分子最常用、最普遍与最主要的恐怖活动方式。相对其他恐怖活动方式，实施爆炸恐怖活动的难度较小且不易被发现，成功率相对较高。还有一个比较重要的原因是随着恐怖活动的不断发展，越来越走向滥杀无辜与血腥化道路，为寻求最大的新闻宣传效果，越来越倾向使用简单易行但破坏力大的方式，爆炸作为一种简单实用、杀伤力大、攻击目标无限制、社会影响力巨大的恐怖活动形式，成为世界各国恐怖分子的首选。

当前，世界常见的爆炸恐怖活动的主要类型有炸弹（药）爆炸、汽车炸弹爆炸、人体炸弹爆炸、邮件（包）炸弹爆炸、定时炸弹爆炸等。爆炸对人员造成伤害的主要因素是空气冲击波和破片。冲击波能引起血管破裂致使皮下或内脏出血，内脏器官破裂，肌纤维撕裂，破坏中枢神经系统，伤害呼吸及消化系统，震破耳膜等。此外，炸弹爆炸后，破坏周围建筑物，并形成高速飞散的破片，这些破片对人体有巨大的杀伤作用。

大学生在校园学习和生活中，必须具有一定的安全知识和自我防护能力，还应增强反恐防爆意识。对当前国内外的恐怖爆炸活动应有所了解，对恐怖爆炸活动的发生发展状况及危害要有足够的认识，关注媒体中的相关报道，储备一些必要的安全常识和急救知识。

在日常生活中，对一些异常情况要有足够的警惕。某一物品在不该出现的环境中出现，一般要引起注意，特别是在人员密集场所，如学校的教室、食堂、礼堂、图书馆等。

一旦发现可疑爆炸装置，应保持冷静，切勿翻动可疑物品，保持其原状。马上远离可疑物品，确保自身安全。将有关情况立即报告有关部门，请公安机关派人前来处理。在有关人员处理过程中，要听从指挥，不要围观及大声喧哗，不制造紧张气氛，在没有确认的情况下，不要散布不属实的信息。

当校园发生爆炸等恐怖活动时，大学生应听从学校的统一指挥，不恐慌、不信谣、不传谣，时刻保持冷静态度，积极配合有关部门为破案提供线索。

在恐怖爆炸活动发生后，大学生还应及时以冷静、理智舒缓恐怖爆炸活动给自己造成的心理震荡，调整自己的心态，以积极、乐观向上的心态恢复到正常的校园学习、生活中。

二、投毒犯罪活动及应对

2002 年 9 月 13 日，在南京市江宁区汤山镇经营“菊红”面食店的陈正平，见同镇的陈宗武经营的“正武”面食店生意兴隆，遂怀恨在心，意图报复，于晚 11 时许，潜入“正武”面食店，将所携带的剧毒鼠药“毒鼠强”投放到该店食品原料内。次日清晨，南京市江宁区汤山镇某中学和东湖丽岛工地部分学生和民工食用了“正武”面食店内的油条、烧饼、麻团等食物后发生中毒，中毒者达 300 多人，经抢救无效死亡者有 42 人之多。后经南京市中级人民法院审理，特大投毒犯陈正平被判处死刑，剥夺政治权利终身。2013 年 4 月 1 日，上海复旦大学研究生林森浩，因琐事与室友黄某关系不和，在饮水机里投下剧毒，致黄某不幸身亡。2014 年 2 月 18 日，被告人林森浩一审被判处死刑。2014 年 4 月 29 日，山东农业工程学院北校区内也发生了投毒案件，投毒学生将清洁剂注入舍友矿泉水瓶中。起因也仅是一场换锁的风波。

对校园投毒案件应引起高度警惕。学校食堂发生的投毒事件往往由食堂炊管人员心理问题引发，有的是嫉妒别人的食堂办得好，有的是一些炊管人员采取投毒的方式报复领导。也发生过在校学生因成绩不好或对学校食堂伙食不满等原因而进行投毒的事件。

针对这一情况，政府和学校已经采取了有效措施，但就大学生个人来说，也应增强法制意识和防范意识。大学生在校园生活中，难免与同学或其他人员发生矛盾，也可能对学校的某些管理措施存在意见，在这种情况下大学生应学会在法律和学校相关制度允许的范围内妥善处理这些矛盾、意见，学会换位思考，理性调整自己的心态，切不可采取过激行为。与此同时，在与同学的交往中，对同学存在的缺点和问题，可善意地指出，建设性地给予帮助，绝不能妄加评判、嘲笑或孤立同学。此外，对确实存在心理问题的同学，应向学校有关部门反映，以便学校及时采取干预措施。

三、绑架劫持及应对

据有关媒体报道，2004 年至 2013 年 6 月，全国各地高校共发生大学生被绑架、劫持案件 28 起，被绑架劫持的大学生共 28 名，其中 8 名男生，20 名女生；有 9 名大学生在绑架案件中丧生，另外 19 名大学生经家属与公安机关密切配合，成功获救。

参与绑架大学生的犯罪嫌疑人多为社会人员，个别是在校大学生。上述 28 起绑架案件中，有 5 起是大学生在做家教过程中发生的，有 3 起是大学生被网恋情人或网友所绑架，还有 3 起是大学生的同学所为，其余为学生在购物、回家途中被犯罪嫌疑人绑架。

上述 28 起绑架案，案犯的动机都是为了勒索钱财。当犯罪分子的要求得不到满足时，或者当被绑架人进行反抗时，案犯将被绑架劫持人员残忍杀害。

大学生应对被绑架劫持，要做到以下几点。

（1）首先要防患于未然，要有防止被绑架劫持的警惕性。上网聊天、交友时，不要轻易和网友约会见面。必须约会见面时，要约请他人陪同，或者选择公共场所，不要到偏僻场所或对方家里见面。夜晚时不要独自到偏僻场所。做家教也要有警惕性，最好通过学校联系家教，对聘请家教的人员与家教环境要进行较为详细的了解，第一次赴约最好有同学陪同前往。

（2）如果不幸被绑架劫持，要尽可能保持冷静，机智巧妙地与对方周旋，不要激怒对方，不轻易采取反抗行动，首先保证自身安全。

（3）尽可能了解自己所处的位置。如果在绑架后被转移，要根据被转移的方式、时间、速度、转弯的次数等，大致判断出自己所在的位置。

（4）利用犯罪嫌疑人准许与亲属通话的机会，巧妙地将自己所处的位置、现状以及犯罪嫌疑人的情况告诉亲属。

（5）采取自救时，一定要仔细观察，周密思考，选择好时机，在确保自身安全的情况下逃跑。逃脱后，要立即报警。

（6）大学生一旦被绑架劫持，亲属、同学和朋友要立即报警，提供被绑架劫持人的年龄、体貌特征、随身携带物品、手机号码、车辆以及近期照片等。将案件发生前后遇到的可疑人、见到的可疑车辆、接到的可疑电话，以及案件发生后，犯罪嫌疑人与亲属的联系方式、电话号码、要求家属做的事情等方面的信息，及时提供给公安机关。报案时务必采取隐蔽方式，防止犯罪嫌疑人害怕败露采取极端措施。

四、恐怖信件及应对

恐怖信件一般包括邮件（包）炸弹或生化病毒信件。邮件（包）炸弹通常是由恐怖分子用信件或包裹把炸弹或燃烧装置寄送给目标，制造爆炸。邮件（包）炸弹的破坏威力相对较小，其目的主要是伤害特定人员和引起人们精神层面的恐慌。生化病毒信件与邮件（包）炸弹的原理基本一致，即将染有病毒的信件寄送给特定目标，意图通过感染特定目标，造成大范围人员的高度恐慌。

进入21世纪，包括我国在内的亚洲、欧洲等许多国家都发生了恐怖邮包炸弹袭击事件，2002年轰动美国的炭疽邮件事件，已经引起了世人的高度警觉。随着科技的发展和新技术的普及，邮包炸弹的体积越来越小，防探测性越来越强，隐蔽性越来越高，而生化病毒信件也开始被恐怖分子所采用。

面对这种恐怖威胁形式，大学生应有充分的认识和警觉。一般的邮件炸弹都是由松发开关作为起爆装置，所以尽量避免盲目开启或剧烈晃动。在收到陌生或可疑邮件时，应仔细核对寄件人的姓名、地址以及邮政邮戳，对于邮寄地址及署名模糊的可疑邮件要有警惕性。避免因好奇而轻易打开，可用手指摸、对光照，但不要嗅、舔。在不能确定时，应立即报有关部门处理。如发现有粉末状异物时，应立即停止操作，用塑料袋密封好并不要再移动。然后立即报告学校相关部门及公安、卫生防疫等应急部门。最后，要对双手及接触邮件的部位进行消毒。

当在计算机和手机上发现恐怖电子邮件和恐怖短信时，要及时报告公安机关或者学校保卫部门，不要随意删除电子邮件和短信，以免造成证据的消失。

第三节　突发公共事件及其应对

一、突发公共事件

突发公共事件是指突然发生，造成或者可能造成重大人员伤亡、财产损失、生态环境破坏和严重社会危害，危及公共安全的紧急事件。我国最新公布的《国家突发公共事件总体应急预案》将突发公共事件主要分为自然灾害、事故灾难、公共卫生事件、社会安全事件等4类；按照其性质、严重程度、可控性和影响范围等因素分成4级，特别重大的是Ⅰ级，重大的是Ⅱ级，较大的是Ⅲ级，一般的是Ⅳ级。

自然灾害主要包括水旱冰雪灾害、气象灾害、地震灾害、地质灾害、海洋灾害、生物灾害和森林草原火灾等；事故灾难主要包括工矿商贸等企业的各类安全事故、交通运输事故、公共设施和设备事故、环境污染和生态破坏事件等；公共卫生事件主要包括传染病疫情、群体性不明原因疾病、食品安全和职业危害、动物疫情以及其他严重影响公众健康和生命安全的事件；社会安全事件主要包括恐怖袭击事件、经济安全事件、涉外突发事件等。

在突发公共事件发生后，大学生应首先以健康的心理、平和的心态冷静对待，分清是非曲直，不能轻信谣言，要相信党和政府有能力领导人民战胜灾害，要相信学校有能力保障校园的安全。在此基础上，大学生还应采取科学的态度，掌握一定的相关知识，进行科学防范，要重视但不紧张，要勇敢但不莽撞，要谨慎但不怯懦。此外，在应对突发事件时，大学生必须树立全局观念，增强大局意识，克服个人困难，服从学校统一管理，努力为防控突发公共事件做出自己的贡献。

二、大型活动安全事件的应对

(一) 大型活动安全事件发生的原因

大型活动安全事件是社会安全事件的一种。大学生对大型活动安全事件的预防及应对主要是指对公共场所发生的或可能出现的踩踏事件的预防和应对。

人群拥挤踩踏事件主要发生在空间有限而人群又相对集中的场所，如球场、商场、街道、室内通道或楼梯、影院、酒吧、夜总会、举办宗教朝圣仪式处、彩票销售点、超载的车辆、航行的轮船等，人群的情绪如果因为某种原因而变得过于激动，置身其中的人就有可能受到伤害。

导致踩踏事件发生的原因主要有：

(1) 前面有人摔倒而后面的人没有止步，而造成踩踏。

(2) 人群由于受到惊吓而惊慌失措，大家在逃生中互相拥挤，发生踩踏。

(3) 人群因为过度兴奋、行为失矩而造成踩踏事件的发生，这一点尤其在宗教朝圣的仪式中表现得最明显。

(4) 当人群中产生愤怒或者激动的情绪时，失去理智的人们有可能由于拥挤而发生踩踏。

(5) 由于好奇心驱使造成的踩踏。

（二）大学生应掌握的应对大型活动安全事件的常识

高校大型群体活动较多，活动场所安全控制及紧急情况下人员疏散任务很重，如果没有有效的安全措施，一旦发生安全事故会给师生带来生命安全的威胁。此外，大学生还经常去校外公共场所参加活动。因此，具有应对突发安全事故的意识和常识是十分必要的。

（1）参加大型集体活动要穿有利于安全疏散的鞋，尽量穿平底系带的鞋。

（2）进入场地后先了解安全通道、应急出口的位置，一旦发生危险后，可以有目标地脱险。

（3）当身不由己陷入混乱的人群，置身于拥挤的场所时，面对惊慌失措的群体时，一定要保持冷静，要远离店铺或柜台的玻璃，防止被扎伤；要双脚站稳地面，如果具备条件，可以抓住身边牢固的物品。

（4）在空间局限的场所，如影院、球场、商场、彩票销售点和车船上遇到突发情况时，个人应听从组织者的安排，在组织者的疏导下有序撤离，做到互相谦让，特别是让老人、妇女、儿童首先撤离到安全的地方。

（5）在拥挤人流中要尽量“溜边”，如果出现拥挤踩踏的现象，应及时联系外援（如拨打报警或急救电话等），寻求帮助。

（6）如果在行进中，发现慌乱的人群朝自己的方向拥过来，应快速躲避到一旁，等人群过去后再离开。如果身不由己被人群拥着前进，要用一只手紧握另一手腕，双肘撑开，平放于胸前，微微向前弯腰，形成一定的空间，保证呼吸顺畅，以免拥挤时造成窒息晕倒。同时护好双脚，以免脚趾被踩伤。如果自己被人推倒在地，一定不要惊慌，应设法让身体靠近墙根或其他支撑物，把身子蜷缩成球状，双手紧扣置于颈后，虽然手臂、背部和双腿会受伤，却保护了身体的重要部位和器官。

三、突发公共卫生事件的预防及应对

（一）突发公共卫生事件的概念

突发公共卫生事件是指突然发生，造成或者可能造成社会公众健康严重损害的重大传染病疫情、群体性不明原因疾病、重大食物和职业原因中毒以及其他严重影响公众健康的事件。

近年来，世界上重大突发公共卫生事件不断，如 2000 年英国发生疯牛病，34000 个牧场的 17 万多头牛感染了此病，对人类产生了极大的威胁；2003 年肆虐全球的传染性非典型性肺炎造成全球累计 8437 人感染，813 人死亡，仅我国内地就有 5327 人感染，348 人死亡；2005 年一场高致病性 H5N1 型禽流感使南亚、欧洲、北美和中东等地的 20 多个国家和地区，一时风声鹤唳，谈禽色变。据世界卫生组织统计，2003 ~ 2005 年，全球各地已发现 120 多人感染了禽流感病毒，其中 60 多人被夺去生命。根据中国农业部的数据，截至 2005 年 12 月 13 日，全国共发生 30 起高致病性禽流感疫情，共扑杀家禽 2222. 58 万只。截止 2006 年 2 月 13 日，全国已报告 12 例实验室确诊的人感染 H5N1 型禽流感病毒病例，有 8 例死亡。

为了有效预防、及时控制和消除突发公共卫生事件的危害，保障公众身体健康和生命安全，维护正常的社会秩序，国务院于 2003 年 5 月 9 日制定颁布实施了《突发公共卫生事件应急条例》，使突发公共卫生事件应急处理有法可依。

（二）预防和应对突发公共卫生事件的措施

大学生应养成健康的生活习惯。平时加强体育锻炼，避免过度劳累，不吸烟，勤洗手，注意个人卫生。注意保持室内清洁，空气流通，注意饮食卫生，养成良好的卫生习惯。

在突发公共卫生事件发生时，要妥善应对。要尽可能全面了解有关的信息，做到心中有数，可以通过网络、报纸以及学校发放的宣传资料来了解该种疾病可能的传播途径、最典型的特征、基本的预防方法、遇到感染者该如何处理等事项，搞清楚在什么情况下该怎么做，最大限度地保证自己的安全。如出现传染性疾病，要注意远离传染源，尽量避免在商场、影剧院等通风不畅和人员聚集的地方长时间停留。在突发公共卫生事件期间，相关消息的来源很多，甚至很多消息本身还有自相矛盾的情况，因此在注意收集信息的同时，更应该关注信息的来源和真实性。大学生应有鉴别能力，有选择地接收外界信息，了解真实情况。身边发生了突发公共卫生事件后，应保持积极的心态，恐慌、紧张是没有必要的，更是没有用的，不如按部就班地采取能做到的预防措施，尽量保持正常的学习和生活。可以通过房间消毒、勤洗手、服用预防药物等方法来消除隐患。可以根据自身需要，寻找一些无危害的方式来平稳自己的情绪。在疫情面前要树立信心，要保持情绪稳定，按照专业人士推荐的防御方案积极应对，不要被恐惧吓倒，要冷静面对，要有全局观念，服从学校统一管理。

第四节　地震和其他地质灾害应对

一、地震灾害的应对

地震灾害由于具有突发性和不可预测性，且会并发严重次生灾害，其危害居各种自然灾害之首。

1. 百余年来中外历史上发生的大地震情况

百余年来世界历史上发生了多起大地震。如：1905 年印度发生 8.0 级地震，造成 1.88 万人死亡；1923 年日本横滨东京一带发生 8.2 级地震，14 万余人丧生，20 多万人受伤；1939 年土耳其发生 8 级地震，死亡 3.5 万～4 万人；1939 年智利发生 8.3 级地震，死亡 2.8 万人；1950 年印度阿萨姆邦发生 8.5 级地震，死亡 2 万～3 万人；1960 年智利发生 9.5 级大地震，造成巨大海啸，数万人死亡和失踪，6 座死火山重新喷发；1985 年墨西哥发生 8.1 级地震，死亡 3.5 万人；2004 年印尼苏门答腊岛发生 8.7 级地震，引起海啸，造成 20 余万人死亡；2005 年巴基斯坦发生 7.6 级地震，造成 8.6 万人死亡；2011 年 3 月 11 日日本发生 9 级地震并引发了海啸，在地震及海啸中死亡 1.54 万人，8000 多人失踪；2014 年 4 月 2 日智利发生 8 级地震，引发海啸。

中国是多震国家，大地震也发生不少。1920 年 12 月 16 日宁夏海原县发生 8.5 级强烈地震，24 万人死亡；1927 年 5 月 23 日，甘肃古浪发生 8 级地震，死亡 4 万余人；1932 年 12 月 25 日甘肃昌马堡发生 7.6 级地震，死亡 7 万人；1976 年 7 月 28 日，河北唐山发生 7.8 级地震，24 万人死亡，16 万人受伤；2008 年 5 月 12 日四川汶川县发生 8.0 级地震，造成 6.9 万余人死亡，1.8 万余人失踪，37 万余人受伤。地震给人民的生命财产造成巨大损失。

2. 地震逃生“十大”法则

大学生应当具有地震应急和安全逃生意识。地震虽然是人类目前无法避免和控制的，但只要掌握一些逃生的知识和技巧，可以将灾难中的伤害降到最低的程度。地震逃生有十大法则：

（1）地震发生时如果在屋内，要掌握“近水不近火”的原则，远离外墙、门窗和阳台。权宜之计是躲在坚固的床、桌下或暖气旁、厕所内，保护好头部。

（2）立即关掉火源，如果出现失火，应在大的晃动前、晃动停息后立即灭火。

（3）不要慌张地向户外跑，以免被砸。

（4）将门打开，确保出口。地震发生时不能使用电梯，万一乘梯时遭遇地震，应将各楼层按钮全部按下，电梯停下时迅速离开。如被关进电梯，应立即打电话、按警铃求助。

（5）如开车行驶在路上发生地震，应立即靠路边停车，先保护好自己，然后再按防震的要求行事。

（6）在户外场所遭遇地震，要保护好头部，避开危险之处。

（7）在商场、剧场、体育场遭遇地震，切勿慌乱。要按工作人员的指示行动，防止发生踩踏死伤事故。

（8）如在山区、海边旅游时发生地震，务必注意山崩、断崖落石或海啸。应迅速到安全场所避难，按当地政府的防震要求和指挥活动。

（9）避难时要徒步，携带物品应在最少限度。如被埋压不能自救时，要积极呼救，同时要保存体力。

（10）不要轻信谣言，要依据政府发布的正确信息，冷静地采取行动。

3. 地震中受伤的自我救护方法

如果在地震中被砸、弹击、撕拉、挤压、碰跌受伤等待救援时，应掌握以下自我救护方法，这样不仅能够在灾害中自救，而且能给即将到来的医疗救援提供最有效的前期治疗准备。

（1）当头部外伤出现耳漏、鼻漏时忌堵塞。因为堵塞会引起颅压升高、颅内感染，加重颅内损伤。

（2）胸部有锐利物刺入不能自己拔出。因为自拔易造成血管破裂、大出血，危及生命。

（3）肠子外露不能回塞。因为自己回塞易导致严重腹腔感染、机械性肠梗阻。

（4）近肢端动脉出血绑扎点忌就近。因为在出血点就近部位绑扎，不利于止血且易伤及相关桡神经。

（5）皮肤破损出血切忌用泥土糊，否则易导致破伤风，重者致命。

（6）骨折后身体忌活动，防止骨折部位受到二次伤害。

（7）颈椎损伤忌抬颌后仰。因为抬颌后仰会造成颈髓横断，这是致命性的二次损伤。

（8）遇有害气体泄漏切忌顺风躲避，应选择逆风方向躲避，可减少或避免气体伤害。

（9）自救时呼救忌盲目大喊大叫，因为声嘶力竭哭叫会使肌体耗氧量增加，引起昏厥或休克。

（10）被困时呼吸忌快而浅。因为惊慌失措、过度恐惧、急速呼吸换气，会导致缺氧进一步恶化，严重的甚至会昏迷或危及生命。

4. 地震海啸的应对

发生海啸的原因很多，但95%的海啸都是由地震引发。1960 年智利、2004 年印度尼西亚及 2011 年日本发生的地震海啸都给人类造成了巨大灾难。

（1）地震是海啸的“排头兵”，如果海边发生地震，潮汐突然反常涨落，海平面显著下降或有巨浪袭来，并有大量水泡冒出，这就是海啸到来的先兆，应当互相提醒，互相帮助，迅速撤离至安全地带。

（2）海啸前海水异常退去，往往把鱼虾等许多海生动物留在浅滩，千万不要前去看热闹或捡鱼虾，应迅速离开海边向内陆高处转移。

（3）听从当地政府的统一安排，做好抗震防海啸工作。

二、泥石流等地质灾害的应对

地质灾害是指由自然因素或人为活动引发的危害人民生命和财产安全的山体崩塌、滑坡、泥石流、地面塌陷、地裂缝、地面沉降等与地质作用有关的灾害。

我国地质条件复杂，地质构造活动强烈，地质灾害种类繁多，分布面广，是世界上地质灾害最为严重的国家之一。全国有 400 多个县市、1 万多个村庄受崩塌、滑坡、泥石流的威胁；有 24 个省（区、市）存在严重或较为严重的地面塌陷现象。近年来，我国泥石流灾害多发，2010 年 8 月 7 日，我国甘肃舟曲发生特大泥石流灾害，造成 1478 人遇难、287 人失踪的重大灾难。

长时间降雨或暴雨过后，河流突然断流或水势突然加大，山谷中传来雷鸣般的声响，沟谷深处变得昏暗，这是泥石流到来的迹象。此时，应采取以下应对措施。

（1）立即观察地形，向沟谷两侧山坡或高地跑。

（2）要抛弃一切影响奔跑速度的物品。

（3）不要停留在低洼地带，不要攀爬到树上躲避，不要躲在有滚石和大量堆积物的陡峭山坡下边。

（4）在等待救援时，一定不要饮用污染了的水。

第四章

预防非法侵害　维护人身财产安全

第一节　人身非法侵害及其预防

一、人身非法侵害的常见类型

（一）危及生命安全的非法侵害

据统计，危及大学生生命安全的非法侵害主要有以下几种类型。

（1）酗酒后斗殴杀人。校内外人员或者大学生酗酒后，失去理智，由酒后滋事、打架斗殴导致大学生被杀害。

（2）失恋后不能正确对待，报复行凶杀人。极个别大学生不能正确对待失恋，恋爱失败，反目成仇，采取了杀人的极端行为。

（3）网上交友不慎引来杀身之祸。有的学生上网交友采取了不慎重的态度，没有深入了解对方便密切接触，结果引来杀身之祸。

（4）深夜去治安复杂地区被歹徒杀害。大学生特别是女大学生夜间单独行动，具有一定的危险性，有的遇到坏人被杀害。

（5）矛盾处置不当酿成伤害致死。大学生之间或大学生与社会人员交往，难免发生各种矛盾。对矛盾处置不当，导致矛盾激化而引起伤害致死案件。

（6）缺乏警惕，在社会生活中遭遇坏人，受骗上当被害身亡。大学生在社会上，有的因为不重视安全，缺乏警惕被杀害。

（7）涉及大学生被绑架后遭杀害、被精神病患者杀害等情况也有发生。

（二）人身健康非法伤害

人身健康非法伤害分为精神伤害和身体伤害。校园内的伤害案件时有发生，这些伤害案件给大学生的学习、生活带来了很大的负面影响。

1. 校园非法滋扰对大学生造成的精神伤害

校园非法滋扰是指外部人员通过不同方式对校园内人员和校园内各种秩序的侵犯。一些行为不轨的人混入学校后到处闲逛，他们借一点点小事就会故意寻衅滋事，制造事端，谩骂甚至于威胁他人，影响了学校的正常秩序。所以，校园非法滋扰是对大学生的一种精神伤害。

2. 打架斗殴等治安案件对大学生造成的人身伤害

（1）打架斗殴在校园内时有发生，有社会人员和校内家属殴打大学生的，也有大学生之间互殴的。打架斗殴的原因很多，有的是喝酒过量，失去控制能力引起的；也有的是个人逞强，因琐碎小事引发的，而受害者往往是在校的大学生。

（2）防范意识弱，晚间到偏僻地点活动，遭人身伤害。校园内外偏僻地点，特别是到了晚间，往往是不法之徒伺机作案的场所。这些地点容易发生伤害大学生的案件。

（3）交友不慎，引狼入室，导致人身伤害。个别大学生，在社会活动中，结交一些朋友，在没有深入了解对方底细的情况下，便带进校内，最后发生矛盾被伤害。

（三）性侵害

女大学生正值青春年华，但同时又缺少安全防范意识，她们成了犯罪分子性攻击的主要对象。校园内外发生的性侵害严重危害女大学生人身安全，影响她们健康成长，对她们的心理也会造成极大的损害。

有以下特征的女生易受到性侵害：作风轻浮、精神空虚、寻求刺激的；贪图钱财，对性诱惑抵制力不强的；文静懦弱、自卫能力不强的；单独行动、孤立无援的。校园中性侵害案件的主要方式有：

（1）强迫的方式。主要是采取暴力手段或利用凶器进行威胁，对女生进行性侵害。暴力侵害的主体比较复杂，有的是社会上的犯罪分子，也有些是校园内部人员。这些人经常混入教学场所、女生宿舍楼或在校园偏僻处伺机作案；也有的本是以抢劫盗窃为目的，见女生过于软弱发展为强奸犯罪。

（2）交友的方式。借交朋友的方式，向女方提出非分的要求。还有的是因恋爱破裂或单相思，走向极端，发展为暴力强奸。

（3）骚扰的方式。主要是指社会上的非法人员结伙闯入校园，寻衅滋事，或是校内某些品行不端的人在变态心理的驱使下，对女生进行各种骚扰活动。一旦有机可乘，就会发展为强迫式性侵害。

（4）胁迫的方式。主要是指某些心术不正者，利用女大学生求职心切的心理，或是利用受害人有求于己的处境，或是抓住受害人的个人隐私、某些错误等作为把柄，进行要挟胁迫，使其就范。

（5）社交引诱的方式。这种犯罪行为的主体多是受害人的相识者，与受害人有社会交往，利用机会或创造机会把正常的社交引向性犯罪。

（6）欺骗的方式。主要是指男性用许诺、说大话、说谎话等手段骗取女生的信任，最后达到性侵害的目的。

二、人身非法侵害的预防

人身安全是大学生赖以生存和完成学业的首要条件，是大学生最根本的安全。大学生要充分认识到预防人身侵害的重要性，不断提高防范能力，做好人身侵害的预防。

（一）人身侵害恶性案件的预防

恶性案件的发生虽然有一定的突然性和偶然性，但如果大学生有一定的预防人身侵害的知识，防范意识强，措施到位，许多恶性案件是能够避免的。

1. 大学生要提高预防恶性案件的意识

大学生对社会和校园治安形势要有正确认识，恶性案件时有发生，防范意识不可无。

（1）要积极参加学校的安全教育，认真学习必要的安全知识，了解一些在高校和社会上发生的恶性案件案例，提高自己的防范意识和能力。

（2）要正确认识发生在校内外的学生被害案件，从中吸取经验教训。

（3）要有社会责任感和公共道德，发现恶性案件的苗头或案件现场，要及时报案并积极协助公安机关和保卫部门破案。

2. 预防恶性案件的主要原则

（1）发现异常情况，及时采取措施。恶性案件的发生，往往是有先兆的。作案人在作案前，在精神上、行为上会出现一些异常情况。如果及时发现异常情况，并向学校老师、领导或者保卫部门报告，采取预防措施，恶性案件在一定程度上是可以避免的。

（2）及时制止恶性案件苗头的发展。有些恶性案件是由普通斗殴行为发展演变而成的，对同学因矛盾和纠纷发生的斗殴，应及时劝阻制止，控制案件的发展。

（3）冷静、理智处理人际关系。有些恶性案件是因处理人际关系不善而激化的。大学生要学会正确处理人际关系，同学间提倡相互理解、忍让、冷静和理智。

（4）努力提高自身的防范意识和防范能力。一些大学生被杀害，往往都和本人缺少防范意识和防范能力有关。女生夜晚单独去较偏僻的地方活动或晚间乘坐“黑出租车”等，很可能导致被伤害。如果同学们具备较高的防范意识和防范能力，一些恶性案件是可以避免的。

（二）人身非法伤害案件的预防

（1）提高防范意识，增强自我保护能力，尽量不要到偏僻场所，外出时最好结伴而行。

（2）在公共场所要远离那些寻衅滋事的人员，遇到别人的挑衅，不予理睬，不感情用事；不为小事和他人发生纠纷，避免受到进一步的伤害；可以报告公安保卫部门。

（3）要有法制观念，不做违法违纪的事，不侵害他人利益，不影响他人正常学习和休息。

（4）交友慎重，应避免交一些“不三不四”的朋友，男女之间交朋友更应该慎重。

（5）克服老乡观念和哥们义气，不参与团团伙伙，不参与打架斗殴，做文明的大学生。

（三）性侵害的预防

女大学生预防性侵害，要从我做起，要树立预防性侵害的意识，加强自防自卫。具体要做到以下几点：

（1）夜间出行危险性大，因此要多走明亮、往来行人较多的大道；最好结伴而行。

（2）尽量少和陌生人交往，遇有陌生人纠缠要尽快摆脱。

（3）在与异性朋友交往中，要有原则分寸，把握好尺度。

（4）有的高校保卫部门提供对女生夜间校园内护送服务，如有需要可求助。

（5）在作家教、求职等单独与他人接触过程中，要提高警惕。

第二节 高校侵财案件及其预防

一、高校侵财案件的主要形式

大学生在校园里财产被侵犯的主要形式有盗窃、抢劫、抢夺和诈骗。

（一）盗窃

盗窃是大学校园里的多发性案件，一般占高校中发生的刑事案件的80%以上。

在大学里，大学生的以下三类物品容易被盗。一是贵重物品，近年来被盗的贵重物品是体积小、价值高的手机、笔记本电脑、平板电脑（如iPad)，数码相机等；二是现金、存折、汇款单和银行卡等；三是自行车、衣物、电子词典等生活及学习用品。

在大学校园里，学生宿舍、教室、图书馆、食堂、运动场馆等公共场所是学生财产容易被盗的重点场所。

1. 盗窃分子盗窃的主要手段

盗窃大学生宿舍财产的主要手段有：

（1）顺手牵羊。窃贼趁主人不备，将放在桌上、床上的笔记本电脑、钱包、手机、手表及电子词典、随身听等或将晾晒在阳台、走廊中的衣服偷走。

（2）入室盗窃。窃贼撬门或翻窗入室，将贵重物品尽数盗走。

（3）先窃钥匙，再盗物品。先设法窃取学生宿舍的钥匙，然后尾随学生认清他（她）的宿舍，再趁宿舍无人之际用钥匙开门，进行盗窃。

（4）以虚假身份骗取信任后，进入学生宿舍，甚至住进学生宿舍，然后伺机盗窃。

在公共场所盗窃大学生财产的主要手段有：

（1）顺手偷走。趁学生上厕所、借还书刊、购买饭菜等暂时离开教室、阅览室、餐厅座位之机，将学生留下的手机、书包、学习用品、衣物等偷走。

（2）翻包掏兜。趁学生人包短时分离之机，或者趁学生在运动场锻炼身体，衣物、书包放在场边之机，翻书包、掏衣兜，将其现金和贵重物品偷走。

2. 大学校园盗窃案作案主体及案件易发时间

大学校园盗窃案作案主体以校外流动人员为主，其次是在校大学生。

盗窃案件多发生于开学初和学期末，多发于白天，尤其是中午十二点左右和下午五六点左右最多。

（二）抢劫和抢夺

抢劫和抢夺是大学生财产被侵犯的主要形式之一，也是危害大学生财产安全的主要违法犯罪行为。

据统计，2005 年 11 月至 2007 年 12 月，北京高校发生师生被抢劫案件 11 起。其中 2005 年 11 ~ 12 月 1 起，2006 年 5 起，2007 年 5 起。按受害人划分，共 12 人受害，其中学生 11 人，教师 1 人；学生中男生 5 人，女生 6 人。按作案时间划分，发生在夜晚的 9 起，下午的 2 起。按作案地点划分，校内 7 起，校外 4 起。被抢劫的主要物品有现金、手机、笔记本电脑、首饰等。造成人身伤害的 6 人（学生）。

分析上述统计，可以概括出近年来涉及高校师生的抢劫案件有以下特点。

（1）抢劫案件仍时有发生，甚至有入室抢劫案发生。

（2）受害人多数是学生，同时伴有人身伤害。

（3）发案时间主要在夜晚，大多数发生在校园内。

（4）被抢劫物品主要是现金、手机等。

（三）诈骗

高校发生的诈骗案件的主要形式有：借熟人关系进行诈骗；以中介为名进行诈骗；以遇到某种祸害急需别人帮助的名义进行诈骗；还有的是先以小利取信，再行诈骗。诈骗的特点，是编造出种种谎言，制造出各种假象，骗取受害人的信任，在受害人同意的情况下，将受害人或者受害单位的公私财物非法占为己有。

近几年，又出现了新的诈骗形式——用发短信、电子邮件或打电话的方法骗取银行卡持有人的钱财。这类案件，在我国大部分地区不断发生。据统计，2006 年和 2007 年，北京某高校发生涉及师生员工的银行卡异地消费、网上购物、中奖、承包工程等形式的诈骗案共计20起，涉及事主20余人，被骗现金152600余元、手机4部。2007年10月15日，北京某高校一教授接到其学生在外地出意外正在抢救急需治疗费用的信息后即汇款11万元，事后发现被诈骗。2013年7月杭州一个大学女教师被骗。骗子谎称其医保卡异地使用，购买了可以提炼冰毒的大量康泰克，涉嫌重大贩毒案件，让其交保证金以证清白，女教师通过网银转账的方式被骗102万元。

二、高校侵财案件的预防

大学生财产被侵犯，客观原因是犯罪分子的存在，并且实施了盗窃、抢劫、抢夺、诈骗等行为；主观原因是一些大学生缺乏防范意识，思想麻痹大意。

违法犯罪分子盗窃大学生财产之所以屡屡得手，主要是利用了学生保管现金和贵重物品上的一系列漏洞，一是现金、贵重物品常常放在明处，容易被偷窃；二是思想麻痹，放松警惕，被人拿走自己的现金、贵重物品、衣物时，往往不能及时发觉；三是离开宿舍时不锁门、不关窗，睡觉时不插门、不关窗，给犯罪分子以可乘之机。

大学生要增强个人财产的保护意识，要牢固树立防盗窃、防抢劫抢夺、防诈骗观念。大学校园里时常有盗窃分子出入，他们的眼睛时时盯着缺乏经验的大学生。学生中也有个别品行不端、实施盗窃的人员。所以，一定要提高警惕，时时处处做好治安防范。

（一）预防盗窃的方法

大学生要根据盗窃分子的作案规律有针对性地作好防范，不给犯罪分子以可乘之机。

（1）妥善保管好现金、存折、汇款单和银行卡等。在宿舍里，上述物品不要放在桌上、床上等明处。现金最好的保管办法是存入银行，设好密码。银行卡、存款单据、汇款单据要与身份证、学生证等有效证件分开存放，妥善保管，防止同时被盗走。

（2）保管好自己的贵重物品。手机、笔记本电脑和数码相机等不用时要放在抽屉、柜子里，并且锁好。寒暑假离校时应托给可靠的人保管，不要放在宿舍里，防止被盗。可将贵重物品作上标识，一旦被盗便于报案和认领。

（3）养成随手关窗、锁门的好习惯。离开宿舍时，即使时间很短，也要关好窗、锁好门，防止窃贼溜门钻窗实施盗窃。

（4）在教室、图书馆学习及在食堂吃饭时，不要用书包占座位，不在书包里存放现金、贵重物品等，严防人包分离。

（5）锻炼身体或到公共浴池去洗澡时，不携带贵重物品和现金。

（6）做好自行车防盗。新车要安装坚固的车锁，存放在相对安全的场所；在公共场所将车存在存车处，不要随便乱放。

（7）谨慎交“友”，不留陌生人员入住学生宿舍。

大学生还要注意不买赃车。买赃车是违法行为，而且还会助长盗贼的盗车行为。

（二）预防抢劫和抢夺的方法

（1）外出时不要携带过多的现金和贵重物品，如果必须携带大宗现金或较多的贵重物品，应请同学随行，乘坐出租车。

（2）财不外露，不向人炫耀自己的金钱和贵重物品，并应当将其妥善保管。

（3）尽量不要在夜深人静、午休时单独外出。

（4）发现可疑人跟踪尾随，要提高警惕，可以大胆回头多盯对方几眼，或大叫熟人的名字，并立即向有人、有灯光的地方走。

（5）当在路上骑车突然感到自行车骑不动时，要先抓牢车筐内的物品或背好包后，再下车查看，防止在下车查看车的瞬间车筐内的物品被抢。

（6）出行在外，走路时尽量离机动车道、非机动车道远一点，书包挎在右侧，防止被歹徒飞车抢包。

（三）预防诈骗的原则

（1）要做到遇事不感情用事，不要被“哥们义气”所迷惑。社会上的一些骗子，有的组成团伙，雇佣一些老人、年轻妇女，租借小孩，编出种种落难的故事，专门骗取善良人的钱，对此要小心分辨。

（2）切忌贪小便宜。对于意外飞来的“横财”“好处”，特别是陌生人所许诺的利益，一定要深思，不动心。克制贪便宜的心理，就不会被诈骗分子所俘虏，自己的财产也才有安全保证。

（3）对不了解的人，不可轻信，不可盲从。遇“财运”要多思考，分析其中是否有诈。

（4）要正确、安全使用即时通讯工具和社交媒体。当前，使用QQ、微博、微信等即时通讯和社交媒体成为一种时尚，在使用过程中要注意个人的信息安全，特别是防止他人冒充熟人或亲友利用这些工具进行诈骗。尤其是个人账户绑定的，更要留意账户安全，最近利用扫描二维码实施诈骗的案例更是层出不穷。

（5）预防电信骗钱，关键是不要轻信虚假信息，遇事不慌乱。持有银行卡的人，接到陌生人发来的短信、电子邮件或电话时，要保持警惕性，不要轻易相信，必须要核实。核实的办法是，打电话到银联或者发卡银行进行查询。查询电话：建行95533，中行95566，工行95588，农行95599，交行95559，招商银行95555，银联95516。

三、发生侵财案件后的处置

（一）发生盗窃案件后的处置

发现宿舍财物被盗，头脑要冷静，不要急于入室查找自己丢失的物品。首先要保护好现场，任何人不要进入室内。其次，要马上报告学校保卫部门或公安机关，请他们来勘察现场。第三，配合公安保卫部门查破案件。如果发现存折、银行卡或汇款单失窃，要马上去银行、邮局挂失。

发现丢失贵重物品、自行车等，要及时向学校保卫部门报告，讲明丢失或被盗情况，有关物品的特征等。

夜间遭遇入室盗贼，应沉着应对。如能力许可，可将犯罪嫌疑人制服，或报警求助。千万不能一时冲动，造成不必要的人身伤害。

（二）发生抢劫、抢夺时的处置

一般情况下，作案人是有备而来，并携带刀子等凶器。同学们在既无思想准备，也无防卫工具的情况下，要保持足够的警惕，要尽力保护财物不被抢，更要保护自己的人身安全；在人员聚集地区遭到抢劫，应大声呼救，震慑犯罪分子，同时尽快报警；在僻静地方或无力抵抗的情况下，应放弃财物，保全人身，待处于安全状态时，尽快报警。要沉着冷静，尽量记住犯罪分子的体貌特征，所持凶器。如果犯罪分子逃跑，你应大声呼叫，请求周围的群众协助捉拿，迫使其放弃所抢物品。同时要记住逃跑车辆特征、车牌号及逃跑方向。案件发生后，要尽快向公安机关报案，如果案件发生在校园里，也可向学校保卫部门报案。

（三）发现被诈骗时的处置

在校内发现受骗，要及时报告所在院系领导和学校保卫部门；在社会上被骗，要及时报告公安机关。要克服不愿报案的思想，不能因为顾虑自己受骗情况被公开，个人隐私可能被暴露而不报案。不去报案，骗子就会抓住你的弱点继续向你施骗，或者继续危害社会。发现受骗后，还要注意保留相关证据，积极协助公安机关破案，最大限度地挽回损失。

第三节 传销活动及其预防

一、传销活动的危害

2005 年重庆市破获了一起涉及全国 10 余个省市数十所高校的 2000 余名大学生被骗参与传销活动的案件。2006 年 11 月福州市破获一起海归博士利用网络传销案，涉案金额达亿元。

2006 年 9 月开始，南京某商贸有限公司以销售会员卡和项目合作等名义，收取 150 ~ 1000 元不等的入门费，发展大学生从事传销活动，涉及南京 33 所高校 834 名大学生。2014 年 4 月 27 日，广西南宁市中级人民法院以组织、领导传销活动罪，对 118 名被告作出一审判决，这些被告均有一定文化程度，最高达到研究生学历，该案涉及数千人、涉案资金 23 亿元，堪称“广西一号传销大案”。

近年来，传销活动有向大学校园渗透的趋势。一些传销组织或人员，打着职业介绍、招聘兼职、共同创业等幌子，利用同乡、同学、同宗、同好等关系，不择手段地利诱欺骗高校学生，学生上当受骗、误入传销组织的情况时有发生，严重损害了学生身心健康，不同程度地影响了高校的和谐稳定，也扰乱了社会主义市场经济秩序。因此，传销也被一些学者冠以“经济邪教”之称。

二、传销与直销的区别

直销是指直销企业招募直销员，由直销员在固定营业场所之外向最终消费者推销产品的经销方式。

传销是指组织者或者经营者发展人员，通过对被发展人员以其直接或者间接发展的人员数量或者销售业绩为依据计算和给付报酬，或者要求被发展人员以交纳一定费用（或购买某种商品或提供一定服务等）为条件取得加入资格等方式牟取非法利益，扰乱经济秩序，影响社会稳定的行为。俗称“拉人头”“老鼠会”等。

传销与直销在培训内容、组织模式、奖励机制等方面的区别虽不明显，但二者却有本质区别。直销企业均为合法注册，推销的是真正的产品；而传销组织或经营者无注册，以拉人头方式推销三无产品，搞的是欺诈活动。

目前，工商、公安部门重点打击以资本运作、“1040 工程”、连锁销售、西部大开发等为名的聚集型传销，及以电子商务、原始股投资、网络游戏等为幌子的网络传销。

三、大学生参与传销的原因

(1) 经济因素。有的大学生家庭困难，有的大学生幻想一夜暴富，容易被传销组织和人员抛出的高额回报所欺骗。

(2) 就业创业因素。有的大学生急于找到理想的工作，有的大学生“建功立业”观念强烈，传销组织和人员就打着“新一代的改革者”“放下面子创业”“团队拼搏”等幌子，使大学生受骗、上当。

(3) 心理因素。传销者的“洗脑”和“亲情管理”在一定程度上满足了部分学生在校园和社会上无法实现的心理和情感需要。

(4) 社会阅历等因素。误入传销的多为 20 岁左右的年轻人，而大学生往往涉世未深，极易受骗；有的大学生理想信念缺乏，只用有无短期效益来衡量一件事情是否有益，易被传销者编织的财富谎言俘虏。

(5) 高校管理因素。高校一方面对传销的本质和危害的宣传力度不够，对学生的针对性和说服力不够强；另一方面对学生的行为管理有缺陷和漏洞，如考勤不严格等，使传销有可乘之机。

(6) 社会管理因素。工商行政管理机关对虚假广告的监管，对群众举报、投诉的传销活动的查处以及公安机关对传销案件的查处力度有待进一步加强。

四、严防传销进校园

(1) 政府和社会预防。1998 年国务院有关文件就规定了大学生、军人、公务人员均不得参加直销；2005 年国务院同时颁布了《直销管理条例》和《禁止传销条例》；2007 年教育部、公安部、国家工商行政管理总局联合发出《关于开展防止传销进校园工作的通知》，为打击传销提供了法律和政策依据。政府各级教育行政部门、公安机关、工商行政管理机关一手抓宣传教育和管理，一手抓严厉打击，同时密切配合解救受骗学生，落实“标本兼治，着力治本”的方针。

（2）学校预防。在高校广泛开展禁止传销宣传教育活动，使广大学生认清传销的违法犯罪性质、欺诈本质和严重危害，帮助学生提高识别能力，增强防范意识，自觉抵制传销。加强学校安全管理和学生管理，严禁任何传销组织及人员在校园内进行任何形式的宣传、蛊惑及诱骗活动。及时了解掌握学生思想动态，依托班级、社团、辅导员、班主任等引导学生自我教育、自我管理。针对寒暑假及学生开展社会实践等重点时段，加强对外出实习学生、毕业班学生等重点群体的教育和管理。

（3）学生自我预防。大学生应通过各种渠道了解传销的危害、防范传销的基本知识及打击传销的政策与法律法规，提高思想认识，增强识别传销的能力和防范传销欺诈的意识，并且通过学生群体的自我教育，相互提醒，把抵御传销的客观要求内化为学生的自觉行动。

五、误入传销妥应对

传销组织及传销人员不断变换手法，打着形形色色的旗号，挂羊头卖狗肉，骗钱害人。他们租用民房，化整为零，组建以“家庭”为基本单位的窝点，实行严格的内部管理，对新进入者进行“洗脑”“灌输”致富理论，派人 24 小时陪护，在欺骗、劝诱的同时，还采取威胁、暴力、限制人身自由等手段使被骗者就范。

大学生如落入“传销陷阱”中，不要轻易与传销者发生冲突，不要不计后果地急于脱身（如跳楼脱逃等），要想办法寻找机会安全逃离传销组织及其人员的控制，或伺机报警，等待政府有关部门的解救。总之要把保护自己的人身安全放在第一位，不要因为交了“入门费”或购买了物品等经济原因或者年轻气盛、头脑发热而义气用事，以免受到传销组织及其人员或其他意外发生的人身伤害。

第五章

增强防火意识 防止火灾发生

第一节 火灾及其预防

一、火与火灾

火是人类赖以生存和发展的一种自然力。火的使用对人类发展和社会进步产生了深远的影响。人类学会用火，是跨入文明世界的一个重要标志。在人类社会发展的历史中，火具有不可替代的重要作用。火给人类带来温暖、光明，也给人类社会的发展带来了能源和动力，“燧木取火，以化腥臊”是对古人初始用火时代的反映。安全用火则是人类社会最基本要求。一旦人类忘记了这个基本要求，那么，在时间和空间中失去控制的火就会由造福人类变为危害人类，人类的生命财产和生活空间就要受到无情损害。

人类在长期用火的实践中发现，物质的燃烧必须具备三个条件，一是要有可燃物；二是要有助燃物；三是要有着火源。这三个条件必须同时具备，缺一不可，只有它们互相结合、互相作用，火才能发生。古人说过，火“善用之则为福，不善用之则为祸”。失控的火，往往造成灾害。纵观历史，火灾就是最常见的一种灾害。

火灾的危害是巨大的。近几年来，我国发生了不少特大火灾，如2004年，吉林省吉林市中百商厦发生特大火灾，造成54人死亡，70多人受伤，直接经济损失400万元；2003年11月3日，湖南省衡阳市特大火灾致使20名消防官兵牺牲；2007年12月12日，浙江温州市温富大厦发生火灾，造成21人死亡；2010年11月15日，上海市一教师公寓因外立面墙壁施工引发火灾，导致58人死亡；2011年4月25日，北京市大兴区一栋楼房发生火灾，造成17人死亡、24人受伤；2013年6月3日，吉林宝源丰禽业有限公司主厂房发生火灾爆炸事故，造成121人死亡、76人受伤；2013年11月22日，山东青岛中国石油化工股份有限公司输油管道发生爆炸，造成62人死亡、136人受伤。这些火灾事故都为我们敲响了警钟。据统计，2011年全国共接报火灾125402起，死亡1106人，受伤572人，直接财产损失18.8亿元；2012年，全国共发生火灾152157起，死亡1028人，受伤575人，直接财产损失217716多万元。其中，节日期间燃放烟花引发的火灾增多，因电线短路、过负荷及电气设备故障等电气原因引起的火灾及用电用火引发的火灾仍占较大比重。

大学生要充分认识火的两重性和火灾的危害性，不断提高安全防火意识，做好校园的火灾预防工作，以避免和减少校园火灾的发生。

二、高校火灾与火灾原因

高校是人员集中、教学科研设备繁多、高层建筑物不断增加的地方。高校校园若发生火灾，其损失和影响更大。如2003年11月24日，俄罗斯莫斯科各族人民友谊大学发生火灾，近200名学生受伤，41人死亡；其中，中国留学生受伤46人，死亡11人，造成了严重的国际影响。2008年3月13日，东南大学动力楼因导线短路引发火灾，过火面积近千平方米，由于扑救及时，抢救得当，未使大火蔓延和造成人员伤亡。2008年11月14日，上海商学院徐汇校区学生宿舍发生火灾，过火面积20平方米左右，因室内烟火很大，4名学生从6层阳台跳下逃生，均当场死亡，起火源于寝室里使用“热得快”引发电器故障并引燃周围可燃物；2011年10月10日，中南大学实验楼发生火灾，未造成人员伤亡，事故造成直接经济损失约43万元，起火原因系存放在储柜内的化学药剂遇水自燃引起火灾；2012年4月27日，山东烟台大学女生宿舍发生火灾，由于扑灭及时，无人员伤亡，起火原因系违章使用“热得快”引发火灾；2013年6月6日，山西太原理工大学发生火灾，造成整栋楼的楼顶全部塌陷，所幸无人员伤亡，起火原因系违章施工。据不完全统计，2011～2013年，北京高校发生的火灾事故分别为13起、16起和17起。

据有关资料表明，大学里的火灾比盗窃所造成的损失要高出十几倍。尽管北京各高校对防火工作都十分重视，加大了整治火灾隐患的经费投入，采取了很多预防火灾的措施，但每年在部分高校火灾仍时有发生，学生负有直接责任的火灾连年不断。有的火灾造成了学校财产的巨大损失；有的火灾使多年研究的成果和收集的标本、资料毁于一旦，其损失难以弥补；有的火灾使学生受到人身伤害，财产遭受损失，严重影响了学生的学习和正常生活。火灾不仅影响了学校正常的教学、科研秩序，而且影响了学校的稳定。

据统计，历年来高校发生的与大学生有关的火灾，原因主要有：使用明火不慎引起火灾，常见的有违章点蜡烛、违章吸烟、违章烧废物、违章使用易燃易爆物品等；违章用电、使用电器不当等引起电气火灾；违反实验操作规程引起火灾等。

近年，高校的火灾预防工作出现了新特点：一是随着人们生活水平的日益现代化，学生使用的电气设备和家用电器增加得很快，电气火灾隐患大大增加，学生宿舍发生火灾的可能性也不断增多；二是随着办学规模扩大，学生人数增多，人员密度增大，违章使用电器的人数也比过去大大增加，因而火灾隐患增多；三是校内建筑物越来越高，十几层楼的学生宿舍和教学大楼几乎很多院校都有，增加了火灾扑救和逃生的难度。大学生要充分认识高校火灾的新特点和面临的严峻形势，认真学习消防安全知识，提高防火安全意识，做好校园火灾预防工作。

三、火灾的预防

《中华人民共和国消防法》规定："消防工作贯彻预防为主、防消结合的方针"。做好消防工作是国家建设的需要，人民安全的需要，是全社会的共同责任。任何单位和个人都有维护消防安全和预防火灾的义务。消防工作是国民经济和社会发展的重要组成部分，是发展社会主义市场经济不可缺少的保障条件，它直接关系人民生命财产的安全和社会稳定。

高等学校是培养人才的重要场所，是国家知识、技术创新体系中极具活力的重要组成部分，校内人员密集，高楼林立，现代化的教学实验室、高新技术的科研机构和稀有、贵重的仪器设备较为集中，有些学校内还有国家文物保护部位。因此，做好高等学校的防火工作，对于培养人才，创造良好的教学科研环境，保障国家和师生员工的财产与人身安全，维护校园稳定，都具有十分重要的意义。

当今，火灾已成为威胁人身安全和社会发展的第三大灾害，防止火灾发生与我们切身利益息息相关。高校一旦发生火灾，势必影响高校的稳定，影响学校的教学、科研、生活的正常进行，给师生造成许多不方便和困难。大学生是学校的主体，人数多，学习、住宿比较集中，而且流动性大，活动范围广，又较缺乏消防常识。因此，要特别加强大学生的防火工作。

目前，高校确实存在许多失火因素和火灾隐患，同学们要随时随地提高警惕，预防火灾的发生。

(1) 要学习《中华人民共和国消防法》《高等学校消防安全管理规定》等消防法律、法规，充分认识校园消防安全工作的重要性，不断增强防火意识。

(2) 自觉遵守消防法律法规和学校消防安全管理制度以及实验操作规程，无论是在宿舍、实验室或者是在其他活动场所，都要按照防火要求规范自己的行为。

(3) 要不断提高消防安全“4个能力”。

1) 提高检查消除火灾隐患能力，切实做到“消防安全自查，火灾隐患自除”。

2) 提高组织扑救初起火灾能力，切实做到“火情发现早，小火灭得了”。

3) 提高组织人员疏散逃生能力，切实做到“能火场逃生自救，会引导人员疏散”。

4) 提高消防宣传教育培训能力，切实做到“消防设施标识化，消防常识普及化”。

(4) 对教学楼、实验楼、图书馆和所住的学生宿舍楼的安全通道、灭火器、消火栓以及手动消防报警器所在位置要了解和熟悉，一旦发生火灾，可以利用现场的灭火器材灭火，启动消防紧急触动开关报警或利用熟悉的安全通道撤离火灾现场。

(5) 加强宿舍和实验室的用电安全管理。

1) 应购买和使用质量可靠、具有“3C”标志的电器产品，切不可购买和使用劣质电器设备，以免惹火上身。所谓“3C”认证，就是中国强制性产品认证制度，英文名称为 China Compulsory Certification，英文缩写为 CCC。

2）遵守有关规定，不违章使用电器设备，尤其是“热得快”、电炉等。

3）不要私拉乱接电线，防止因电线短路引发火灾。

4）宿舍内不要在床上给手机或电池充电，防止发生意外事故引发火灾。

5）离开宿舍时关闭电源开关，拔下电源插头，预防电器设备短路造成的火灾。

6）经常检查电器设备的使用情况，及时排除设备故障，防止电器设备超负荷运转。

7）严格遵守学校规章制度，宿舍内严禁明火，更不能夜间点燃蜡烛看书。

8）不躺在床上吸烟，不乱扔烟头；不在禁烟场所吸烟。

9）焚烧杂物或动用明火应按规定进行。

10）严禁在宿舍存放、使用易燃易爆物品（如化学试剂、燃油、液化气和烟花爆竹等）。

11）严格遵守实验、生产等操作规程，违规操作将会造成巨大的经济损失和人员伤亡。

（6）爱护消防设施，保持通道畅通。

为预防发生重大火灾事故，防患于未然，人们在许多地方设置了消防设备和应急照明灯。这些设备一旦被挪用或损坏，遇上火灾，人们就会束手无策。

1）不要搬动、挪用或损坏消火栓、水枪、水带、灭火器以及专门用于消防的锹、镐、钩、沙箱、提桶和应急照明灯等。

2）教学楼、实验（科研）楼、图书馆和学生公寓等公共场所的墙上安装有红色火警按钮，同学们在非紧急情况下千万不要随意按动它。

3）楼梯通道是发生火灾时人员脱险逃生的通道，也是抢救火场被困人员的必经之路，务必保持畅通无阻，不要在这些地方存放自行车和堆放杂物。

在此，还必须告诫大学生，由于自己不慎或违规引起火灾要负法律责任。

第二节　火灾的扑救

一、灭火的基本原则及方法

一切防火措施，都是为了防止燃烧的三个条件（可燃物、助燃物和着火源）同时具备，不让它们相互结合、相互作用；一切灭火措施，都是为了破坏已产生的燃烧条件，抑制燃烧的反应。无论采取哪一种灭火方法，只要能去掉一个燃烧条件，火就熄灭了。

（一）灭火的基本原则

（1）控制可燃物。即限制燃烧的基础或缩小可能燃烧的范围。

（2）控制助然物。即限制燃烧的助燃条件。

（3）消除火源。即消除和控制燃烧的着火源。

（4）阻止火势蔓延。即不使新燃烧条件形成，防止或限制火灾扩大。

（二）灭火的基本方法

（1）隔离法。将着火的地方或物体与其周围的可燃物隔离或移开，燃烧就会因为缺少可燃物而停止。

（2）窒息法。阻止空气流入燃烧区域或用不燃烧的物质冲淡空气，使燃烧物得不到足够的氧气而熄灭。

（3）冷却法。将水和灭火剂直接喷射到燃烧物上，以降低燃烧物的温度，燃烧物的温度降到该物质的燃点以下时，燃烧就停止了。

（4）抑制法。用含氟、溴的化学灭火剂喷向火焰，让灭火剂参与到燃烧反应中去，使“燃烧链”反应中断，以达到灭火的目的。

大学生在校园内遇到火灾时，要灵活运用上述灭火基本方法，对不同的初起火灾，宜采用不同的灭火器或工具进行灭火。如果火势太大，一个人或几个人无法扑灭时，就要报警和逃离火场。

（三）扑灭初起火灾的基本方法

火灾的发生可分为初起、发展、猛烈、温度下降、熄灭五个阶段。火灾初起时可燃物燃烧速度比较缓慢，火焰不高，火势小，着火面积小，形成的烟雾小，产生的热量不多，比较容易扑灭。扑灭初起火灾的原则是：救人第一；先控制后消灭，先重点后一般。

在校园发生初起火灾时，应该做到以下几点：

（1）积极参加灭火。参加初起火灾的扑救是公民的义务和责任。初起火灾容易扑灭，若能及时扑救，火势不会扩大。当火灾初起时，现场只有一个人或少数人，不能见火就跑，应立即向学校保卫部门报告或呼救，同时利用周围的灭火器和其他可利用的工具、物品积极进行扑救。

（2）要立即切断电源，关闭燃气和其他可燃、助燃气体的阀门，防止火势蔓延加大。

（3）要根据不同物质燃烧情况，选用不同的灭火器材，有效灭火。如果有带压力的容器着火，要边救火，边用水冷却容器，防止高温爆炸。

（4）火灾短时间未能扑灭，而且火势增大时，要在继续控制火势蔓延和扩大的同时，立即拨打119火警电话报警。

（5）在可能的条件下，要迅速转移火场和火场附近的易燃易爆物品及遇水易燃物品、高压容器、贵重物品和资料等。

（6）在烟雾不大、条件许可时，救火人员可在火场较远处用消防水龙带喷水降温，控制火势。

（7）参加救火的人员也要防止被火烧伤，防止吸入燃烧时产生的有毒气体而中毒，尽量减少伤亡。

（8）如有人受到火焰围困，救火人员的首要任务就是把受围困的人员抢救出来。

（9）做好火灾现场的警戒，限制无关人员进入火场。

（10）保护火灾现场，协助消防机关调查处理火灾事故。

二、参加救火注意事项

火警就是命令，火场就是战场。对初起火灾，发现者都应积极参与扑救。在救火现场应该做到：

（1）一切行动听指挥，不擅自进入火场。

（2）注意自身和在场人员的安全，保持冷静，避免不必要的伤亡。

（3）提高警惕，防止现场物品失窃。

(4) 保护现场，以利救灾和事后调查处理。

三、报火警的方法

(1) 要沉着冷静，正确拨打119火警电话，听到接警人员问话后，再报警。

(2) 要报告清楚发生火灾的单位名称和地址、着火的地域、着火物质、火势大小、是否有人被困以及报警人的姓名、联系电话等。

(3) 要按接警人员的提问，有序如实回答，不要惊慌。

(4) 确定消防接警人员受理报警后，即可挂断电话，并立即到关键路口等候，引导消防车迅速、准确到达火灾现场。

(5) 在向119报警的同时，要向学校保卫处和“校园110”报警服务中心报警。保卫处会组织安全保卫人员和义务消防队及时扑救火灾。

四、高校常用灭火器材的种类、适用范围和使用方法

按照燃烧物质的性质，火灾可分为A、B、C、D、E、F六类（火灾分类采用中华人民共和国国家标准）：A类为固体物质火灾；B类为液体物质火灾或可溶化为液体的固体物质火灾；C类为气体物质火灾；D类为金属类物质火灾；E类为带电燃烧的火灾；F类为烹饪器具内的烹饪物燃烧的火灾。

(一) 常用灭火器的种类及适用范围

常用灭火器的种类和适用范围如下：

(1) ABC干粉灭火器。适用范围广泛且较经济实用，可扑救A、B、C类火灾，即可扑救固体火灾、液体火灾、气体火灾和电压低于5000V带电物体火灾。

(2) 二氧化碳灭火器。适用扑救A、B、C、E类火灾，即可扑救固体火灾、液体火灾、气体火灾及带电物体、精密仪器火灾。

(3) 水基灭火器。适用扑救A、B、C、E、F类火灾，即除可燃金属起火外全部可以扑救。

(4) 化学泡沫灭火器。适用于扑救一般B类中的油类火灾，可扑救油制品、油脂等火灾，也可适用于A类火灾。

(二) 常用灭火器材的使用方法、注意事项

高校校园的建筑物内一般均配备消火栓和水龙带以及各种手提式

灭火器（如干粉灭火器、二氧化碳灭火器等）。

1. 消火栓和水龙带的使用方法及注意事项

（1）消火栓是灭火中主要的水源，分室内和室外两种。室内消火栓一般设在楼层或房间内的墙壁上，有玻璃门封挡，里面配有水枪、水龙带。使用水龙带灭火时，应先将水龙带一头接在消火栓上，同时将水龙带打开，另一头接上水枪头，一个人紧握水枪对准着火部位，另一个人打开消火栓阀门，由近及远进行灭火。

（2）使用消火栓和水龙带灭火应注意：

1）使用水龙带救火时，要防止水龙带扭转和折弯，否则会阻断水流通过。

2）在扑救带电火灾前，必须先断电再用水灭火。

3）用水灭火还应注意防止和减少给珍贵书籍、精密仪器等造成水渍侵害，有些金属类火灾禁止用水扑救。

2. 手提式灭火器的使用方法及注意事项

（1）手提式灭火器的使用方法如下：

1）右手提着灭火器赶到现场。

2）先用左手拽掉铅封，用右手拔掉保险销；左手握住喷管，右手提着压把。

3）在距离火焰 2m 处，用右手紧握鸭嘴式开关，左手抬起喷管对着火焰左右摆动，进行喷射灭火（如是干粉灭火器，使用前要将瓶晃动几下，使罐内干粉预先搅动）。

（2）使用手提式灭火器灭火应注意：

1）要准确地射击目标，对准火焰的根部，由近及远喷射，快速推进，不留残火，防止复燃。

2）使用灭火器时，一般距离着火点 2 ~ 3m 处开始喷射，距离长短要根据火情大小来确定。

3）操作时，操作人员要站到上风处向下风处喷射，防止喷射物随风吹到操作人员身上，影响灭火效果。

4）扑灭油类火灾时，不要直接喷射油面，防止液体溅出。

5）在没有安全保障的情况下，禁止向没有切断电源的电线、电气设备射水，以防触电。

第三节　火灾中逃生及自救和互救

当火灾已发生到猛烈燃烧阶段，被火焰围困的人员要正确选择逃生和自救、互救的方式，及时撤离火场，以保存生命。

一、逃生及自救和互救的原则

1. 确保安全，迅速撤离。被大火围困的人员，要抓住有利时机，就近利用一切可以利用的工具、物品，迅速撤离火灾危险区。如果逃生的通道被封死，在无任何安全保障的条件下，不要采取过激的行为，以免造成不必要的伤亡。要注意保护自己，等待救援人员开辟通道，逃离火灾危险区。

2. 顾全大局，自救和互救相结合。当被困人员较多，特别是有老、弱、病、残、妇女、儿童在场时，要积极主动帮助他们首先逃离火灾危险区，有秩序的进行疏散。

根据消防专家对火灾伤亡情况的分析，浓烟和有害气体是造成被困人员伤亡的罪魁祸首。国内外大量的火灾案例统计资料表明，因火灾而伤亡者中，受烟气直接致死的占 80%，被火烧死的人中还有一部分是先被烟气熏倒后再被烧死的。有关实验证明，人在浓烟中无任何防护器材时的生存极限为 3 分多钟，在有毒气体中生存时间更短。因此，当火灾已经进入猛烈燃烧阶段，特别是处在有毒气体弥漫的火场的人员，一定要互相帮助，尽快共同逃离火场。

二、逃生及自救和互救的主要方法

大学生要积极参加学校组织的火灾逃生及自救、互救演练，以提高火灾中逃生及自救、互救能力。

（1）当火势初起时，立即用灭火器、自来水、湿毛巾灭火自救；当火势已大，要迅速疏散逃生，不要贪恋财物，贻误有利时机。

（2）受到火灾威胁时，要当机立断，披上浸湿的衣物、被褥等由安全出口冲出去。

（3）穿过浓烟逃生时，要用湿毛巾捂住口鼻，并尽量使身体贴近地面，采用低姿势甚至爬行，顺墙根向安全出口逃离。

（4）身上着火，千万不要奔跑，可迅速脱掉着火的衣服或就地打滚压灭火苗。

(5) 遇到火灾时，要从高层沿楼梯向低层疏散，不可乘坐电梯。

(6) 室外（楼道）着火，门已发烫时，千万不要开门，以防大火窜入室内，应用浸湿的被褥、衣物等堵住门窗，并泼水降温。

(7) 若逃生路线被大火封锁，要立即退回室内，用打手电筒、挥舞衣物、呼叫等方式向窗外发出求救信号，对外求援，或通过窗户、阳台逃往相邻的建筑物。

(8) 不要轻易跳楼，可利用楼内设置的高空缓降器或救生绳（或室内存放的绳子）缓慢滑行到楼下；或利用疏散楼梯、阳台、雨水管逃生；或把床单、被罩撕成条状扭成绳索，紧系在窗框、铁栏杆、暖气等牢固的物体上，顺绳滑到安全地带。只有在消防队员准备好救生气垫或楼房不高的情况下，或者遇到如不跳楼就会丧命的情况下，才能采取跳楼的方法。

(9) 被困在2楼时，可先向楼外扔些被褥、床垫作垫子，然后双手扒住窗口或阳台边缘，将双脚慢慢往下放，双膝微曲往下跳，这样可以减少下落高度，保证人身安全。

(10) 要熟悉校内一些主要场所（如宿舍、实验室、教学楼、图书馆、食堂、高层楼等）的逃生、自救、互救路线。

(11) 当在酒店、歌剧院、超市、体育馆等人员密集的场所遭遇火灾时，要保持头脑清醒，不要惊慌失措、盲目乱跑，防止因人员慌乱、拥挤而阻塞通道，甚至发生互相践踏的惨剧，要有序地向安全出口撤离，尽量避免大声呼喊。当逃生无路时，应靠近窗户或阳台，关闭迎火门窗，向外呼救。

三、火灾逃生“8不要”

(1) 不要忘记报警。遭遇火灾后不能因为惊慌而忘记报警。进入高层建筑时应注意消防通道、报警设备、灭火器材的位置，一旦发生火灾，要立即报警。延缓报警是很危险的。

(2) 不要惊慌失措。发生火灾时，务必保持镇定，要针对火场情况，因地制宜救火并科学逃生，切不可惊慌失措、乱作一团。

(3) 不要贪恋财物。火灾发生时，首先是要保全性命，不要因顾惜财物而浪费时间和体力，失去逃生的时机，更不要为找寻贵重物品而重返火海。

(4) 不要乱开门窗。在室内避难时，乱开门窗会导致大量浓烟涌入室内，温度高，烟气呛，使人无法藏身。

(5) 不要乘坐电梯。高层建筑发生火灾，电梯就会断电，很可能将人困在电梯间内，难以逃生。

(6) 不要带火奔跑。身上着火后千万别盲目奔跑，否则容易严重烧伤，还会引起新的燃烧点，造成火势蔓延。

(7) 不要方向错误。火势是向上燃烧的，火焰会自下而上的烧到楼顶。遇到火灾时应从高处向低处逃，不要向楼顶上逃生。如迫不得已逃到楼顶，也要站在楼顶的上风方向，向楼下呼救，等待救援。

(8) 不要轻易跳楼。当火焰烧进避难空间时，不要轻易跳楼(特别是位于3楼以上时)，可扒住阳台或窗台等翻出窗外躲避，以求绝处逢生。

第六章

遵守交通法规　防止交通事故

第一节　交通事故及其原因分析

一、交通及交通事故

交通包括道路交通、铁路交通、水路交通、航空航天等。这里所说的交通事故是指道路交通事故，即车辆驾驶人员、行人、乘车人以及其他在道路上进行交通活动有关的人员，因过错或者意外造成人身伤亡和财产损失的事件。

交通事故的构成一般有 7 方面的因素，即必须至少有一方使用车辆；事故发生在道路上；发生事故的车辆在行驶或停放过程中；发生了碰撞、碾压、剐蹭、翻车、坠车、爆炸、失火等其中的一种或几种现象；当事人有违反交通法规的行为；造成事故的原因是人为的，而不是因为人力无法抗拒的原因；有人、畜伤亡或者财产损失的后果。

二、道路交通安全所面临的严峻形势

据有关报道，自从有机动车道路交通事故死亡记录以来，全世界死于道路交通事故的人数已达 3500 万人；也就是说，近百年来累计死于道路交通事故的人数已超过两次世界大战中死亡人数的总和。全世界每年有 120 多万人死于道路交通事故，每年因道路交通事故造成的直接经济损失约为 5180 亿美元。所以，人们把道路交通事故称之为“马路上的战争”、“交通地狱”。

交通事故是世界各国共同面临的严重问题，世界各国交通事故造成的伤亡已被公认为是威胁人类安全的“第一公害”。2010 年，美国因交通事故死亡 32788 人，法国因交通事故死亡 3994 人，德国因交通事故死亡 3657 人，日本因交通事故死亡 4836 人。

我国道路交通整体形势不容乐观。1951 年我国机动车交通事故

死亡人数852人。20世纪80年代末，我国交通事故死亡人数首次超过5万人，成为世界上交通事故死亡人数最多的国家之一。2002年，我国共发生道路交通事故77.3万起，造成10.9万人死亡、56.2万人受伤，直接经济损失33.2亿元，交通事故起数和死亡人数达到了峰值。我国（未包括港澳台地区）每年因交通事故死亡人数连续十余年居世界第一。2009年，我国共发生道路交通事故238351起，死亡67759人（道路交通事故死亡人数降至世界第二），受伤275125人，直接财产损失9.1亿元。2009年，中国汽车保有量约占世界汽车保有量的3%，但交通事故死亡人数却占世界的16%。2010～2012年全国交通事故有所下降，但每年在交通事故中死亡的人数仍在6万人以上。

三、我国道路交通事故的主要原因

有关分析表明，人员违章是造成道路交通事故的主要原因。2009年上海共上报交通事故2831起，造成1042人死亡。据该市交警总队统计，在发生的这些事故中，未按规定让行、违反交通信号、违法占道行驶和酒后驾驶这四种违法行为共引发事故1000起，占事故总数35%，是引发事故最多的违法行为。2011年1月至4月，海口市发生交通事故171起，造成40人死亡，225人受伤，直接经济损失31.5万余元。与去年同期相比，事故起数上升29.55%，死亡人数下降14.89%，受伤人数上升44.23%。道路交通事故上升的直接原因主要为机动车无证驾驶、违规驾驶、非机动车超速、与机动车抢行、闯红灯等。

世界各国的研究认为，交通事故中人、路、车三个直接因素中，驾驶员责任占事故的70%以上。综合素质低、操作技能水平差是驾驶员肇事的主要原因。

2009年我国因交通事故死亡67759人，其中行人、骑自行车（含三轮车）、骑摩托车（含三轮摩托车）、骑电动（含助力）自行车因交通事故死亡42141人，占总死亡人数的62.2%。这与发达国家有很大差异，发达国家道路交通事故死亡人员主要是机动车驾驶员。

混合交通是我国面临的主要安全问题，加强驾驶员管理和培训，提高驾驶员素质和操作技能；加强对公民的交通安全知识的宣传和教育，提高交通安全意识，是保障道路交通安全的根本所在。

第二节 大学生易发生的交通事故及其预防

近年来，大学校园面积增加不大，校园道路变化不大，但是，在校生增长了一倍多，校园内私家车增长了数十倍，社会车辆每天进出校园的达数千上万辆，校园内交通安全形势严峻。

2008 年至 2010 年，发生在北京市高校校内外的较为严重的交通事故有 19 起，涉及 21 所高校。造成师生员工及社会人员 25 人死亡，15 人受伤，其中学生死亡 18 人，受伤 12 人。2013 年仅北京市海淀区高校就发生 10 余起交通事故，致 4 人死亡、7 人受伤，其中大学生死亡 3 人、受伤 3 人。

大学生的交通安全问题，必须引起社会各方面的高度重视，尤其应该引起大学生本人的高度重视。确保交通安全，维护自己的人身安全，大学生自身要承担起第一位的责任，必须树立交通安全意识，积极防范交通事故发生。

一、大学生易发生的交通事故的主要类型

近几年来，随着各种车辆的剧增，大学生发生的交通事故呈上升趋势。大学生在校园内外发生的交通事故主要有：

（1）被机动车撞伤、撞死。大学生发生交通事故致伤致死的，主要是与机动车相撞造成的，其中有的是汽车，有的是摩托车。被撞伤、撞死的大学生有的是在马路上骑自行车，有的是步行横过马路或者在便道上行走，还有的是在车站候车。被撞伤、撞死的大学生，有的要承担一定的责任，如骑车违章带人、闯红灯、逆行，过马路不走人行横道，在校园内道路上踢球、拍球、嬉笑打闹，在马路上边走边聊天等；有些交通事故是机动车驾驶员违章造成的，如学生在非机动车道路上骑自行车正常行驶，被后边违章驶入非机动车道的汽车撞伤、撞死；学生在绿灯放行的情况下步行通过人行横道，被违章的汽车撞伤、撞死；学生在车站站台候车，被酒后驾车者撞伤、撞死；学生在校园内人行便道上行走，被违章汽车撞伤、撞死等。2013 年 4

月 29 日晚，海淀区某高校学生黄某旅游途中横穿马路时被汽车撞倒，抢救无效死亡。

（2）乘坐汽车发生事故致伤、致死。大学生因乘坐汽车发生的交通事故屡见不鲜，有时甚至造成群死、群伤事件，教训十分惨重。造成大学生群死、群伤的交通事故大多与学生外出旅游有关。有的学生租用非法运营的私人车辆外出旅游，有的乘坐旅游公司的车辆旅游，途中发生交通事故，造成多人伤亡。还有的学生乘坐朋友、老师的私家车，发生交通事故，导致死伤。2013 年 3 月 21 日晨海淀区某高校两名学生乘坐一辆醉酒司机驾驶的车辆翻入沟内，造成一死一伤。

（3）驾驶机动车违章发生交通事故致伤、致死。近年来，高校中拥有驾驶证的有车族大学生日益增多。其中一些学生驾车时间短、经验少，遇到紧急情况时，缺乏处理经验，手忙脚乱，易发生事故。大学生违章驾驶机动车发生交通事故致伤、致死是近年来出现的新情况。有的学生醉酒后驾驶小客车，致使车辆翻到沟里，造成驾驶人和乘车人死伤。还有的学生无证驾驶无牌照摩托车，并且在后座上带人，因驾驶技术不佳，致使发生事故，并造成乘车人死、伤。2013 年 11 月 16 日，海淀区某高校留学生朴某无证驾驶摩托车在中关村将一名中国女性撞成骨折。

（4）被非机动车撞伤。这种情况大多发生在校园内，大学生被骑自行车的人撞伤，而肇事者大多数又是大学生。有的大学生在校园内随意骑车，认为校园内没有红绿灯，可以不分上下行道，骑快车，结果发生交通事故。

二、大学生易发生的交通事故的预防

通过上述情况不难看出，不管是在校内还是校外，不论是行人、骑车人，还是乘车人、开车人，发生交通事故最主要的教训是思想麻痹、不遵守交通法规，缺乏交通安全常识，自我保护意识淡薄。为了预防交通事故，要注意以下几点。

（1）必须认真遵守交通法规。交通法规是总结大量交通事故血的教训才产生的，它是人们交通安全的基本保障。交通事故中 98% 多有一方或两方以上违反交通法规。只要自觉遵守交通法规，就会少发生或不发生交通事故。相反，如果不遵守交通规则，存有侥幸心理，甚至明知故犯，如超速行驶、酒后驾车、醉酒驾车，骑车带人、逆行、闯红灯，行人过马路不走人行横道和过街桥等，就非常容易发生交通事故。

（2）必须掌握基本的交通安全知识。了解道路通行条件中的交通信号灯、交通标志、交通标线、交通警察指挥手势的含义；道路通行中的一般规定，机动车、非机动车、行人和乘车人的通行规定以及高速公路的特别规定；交通事故处理中的保护现场、抢救受伤人员，报警，交通事故的调解和诉讼以及向保险公司的理赔等方面的知识。

（3）必须增强自我保护意识。由于他人、特别是机动车驾驶员的违章，结果造成了大学生无辜被撞伤、撞死，这样的教训是十分惨痛的，因此必须增强自我保护意识，要警惕和防止由于他人的过失对自己造成伤害。出行时要精力集中，不仅要瞻前，而且要顾后，眼观六路，耳听八方；发现违章的车辆向自己驶来，要主动避让，防止伤害到自己。

（4）必须经过驾校培训合格后方能驾车上路，决不能未经严格培训未掌握驾驶技术，通过其他“途径”取得驾照，成为“马路杀手”。大学生驾车多为新手，缺乏经验，上路要谨慎驾驶。不开车况不好的车辆上路，与前车保持安全距离；遇到路况复杂、天气不好时，要处处加以小心，及时避让，以免受到意外伤害。

第三节　交通法规及交通安全常识

一、我国交通法规以及高校校园交通安全管理规定简介

（一）我国交通法规简介

2011 年 4 月 22 日，第十一届全国人民代表大会常务委员会第二十次会议通过了修改《中华人民共和国道路交通安全法》的决定，自 2011 年 5 月 1 日起施行。修改后的交通安全法，对于饮酒后驾驶机动车、醉酒驾驶机动车的做出了暂扣机动车驾驶证、罚款、吊销机动车驾驶证，依法追究刑事责任等处罚规定。

（二）高校校园交通安全管理规定简介

20世纪90年代以来，北京高等学校内部机动车数量，特别是私人机动车数量迅速增长。一些规模较大的院校，校园内机动车数量已达到千辆以上。为了防止校园内发生交通事故，保障师生员工的安全，各学校普遍加强了交通安全管理。一方面，在校园内设置了交通标志牌、减速带、隔离墩等交通设施，规划了停车场和车位，施划了交通标线，另一方面，普遍修订和完善了校园交通安全管理规定。各校交通安全管理规定中，对机动车的规定主要是：机动车主动避让行人、骑车人；凭学校办理的通行证经指定的校门进出；校园内禁止鸣笛；校园内车速一般不超过20km/h；机动车进入校园，按有关规定收费，在指定地点停放等。对非机动车的规定主要是：进出校门下车推行，接受门卫检查；车辆的铃、闸、锁齐全有效；禁止骑车带人；禁止骑快车、骑车猛拐；在指定地点停放车辆等。

二、城市交通安全常识

大学生在城市学习和生活，需要掌握必要的交通安全常识，维护自身的安全。

（一）行人、乘车人交通安全常识

行人应在人行道内行走，没有人行道的靠路边行走，主动避让各种车辆；通过路口或者横过道路时，应当走人行横道或者过街设施；通过有交通信号灯的人行横道时，应当按照交通信号灯指示通行；通过没有交通信号灯、人行横道的路口时，应当在确认安全后通过；道路上设置的隔离设施是为了保障交通畅通和交通安全，行人不得跨越、倚坐道路隔离设施，不得扒车、强行拦车；滑板、旱冰鞋等滑行工具难于掌握方向和紧急停止，因此，不得在道路上使用滑板、旱冰鞋等滑行工具。

乘车人不得携带易燃易爆等危险物品乘坐公共交通车辆；不得向车外抛洒物品；不得有影响驾驶人安全驾驶的行为；在乘坐机动车时不将身体任何部分伸出车外；在机动车道上不从机动车左侧上下车；开关车门不妨碍其他车辆和行人通行；下车时注意后面驶来的机动车和非机动车；乘坐公共汽车遇火灾事故，乘车人应迅速撤离着火车辆，不要围观。

乘车人在车内闻到烧焦物品的气味或看到有不明烟雾时，要及时通知司售人员；服从司售人员的指挥，积极开展自救、互救，做到有序撤离，同时照顾和保护老人、妇女和儿童。

乘车人在运行中的公共车辆或列车内发现可疑物时，应当迅速通知司售人员，或者利用车箱中的报警器报警，并撤离到安全位置，切勿自行处置。

（二）骑自行车人交通安全常识

要在非机动车道行驶，在没有非机动车道的道路上，应当靠车行道的右侧行驶，不抢行、争道；不得骑车打闹，不得醉酒骑车；要严格遵守交通信号灯指示通行；通过人行道时，要注意避让行人；停车等信号时，不要越过停车线；转弯前应当减速慢行，伸手示意，不突然猛拐，超越前车时不妨碍被超越的车辆行驶；不牵引、攀扶车辆或者被其他车辆牵引，不双手离把或者手中持物，不扶身并行、互相追逐或者曲折竞驶；要在规定地点停放自行车，未设规定地点的，停放自行车时不要妨碍其他车辆和行人通行；在通过有交通信号灯控制的交叉路口，转弯的自行车应让直行的车辆、行人优先通行；遇有前方路口交通阻塞时，不进入路口；向左转弯时，靠路口中心点的右侧转弯；骑自行车在路段上横过机动车道，应当下车推行，有人行横道或者行人过街设施的，应当从人行横道或者行人过街设施通过，没有人行横道、没有行人过街设施或者不便使用行人过街设施的，在确认安全后直行通过；因非机动车道被占用无法在本车道内行驶时，骑车人可以在受阻的路段借用相邻的机动车道行驶，并在驶过被占用路段后迅速驶回非机动车道。

（三）机动车驾驶人交通安全常识

要遵守交通信号，听从交通警指挥；不要驾驶有机械故障的“带病车”上路；在机动车道通行，没有划分机动车道的，在道路中间通行；行驶时不超过限速标志牌标明的最高时速，与前车保持足以采取紧急制动的安全距离；行经人行横道时，减速行驶；遇行人正在通过人行横道，停车让行；行经没有交通信号的道路时，遇行人横过道路，应当避让；不酒后驾车，特别是不醉酒驾车。在发生交通事故后，要立即停车，开启危险报警闪光灯，并在来车方向 50 ~ 100m 处设置警示标志，并全力抢救受伤人员。驾驶车辆上路行驶，必须携带驾驶证、车辆行驶证以及车辆的保险证。注意携带手机、数码相机或 DV 等录像设备，以便于事故现场取证。

在高速路上行驶的车辆发生故障，需要停车排除故障时，驾驶人应立即开启危险报警闪光灯，将车辆移至不妨碍交通的地方停放；车辆难以移动时，应当继续开启闪光灯，并将警告标志设置在事故车来车方向 150m 以外，车上人员应当迅速转移到右侧路肩上或者应急车道内，并迅速报警。

三、发生交通事故后的处置

（一）道路交通事故的处置

在道路上发生交通事故，可以拨打 122 或 110 报警电话，准确报出事故发生的地点及人员、车辆伤损情况。

（1）区别情况，做出解决事故办法的选择，或是自行协商解决，或是报警解决。

1）当机动车与机动车、机动车与非机动车在道路上发生财产损失事故时，当事人对事实及成因无争议的，在记录交通事故时间、地点、对方当事人的姓名和联系方式、机动车牌号、驾驶证号、行驶证号、保险凭证号、强险标志、车辆检验合格标志、碰撞部位并共同签名后，撤离现场，自行协商损害赔偿事宜。按照双方协商确定的责任，到责任方的保险公司办理保险理赔的相关事宜。如果当事人对交通事故事实及成因有争议，一方车辆没有号牌、驾驶人没有驾驶证或涉嫌饮酒的则应当保护现场，迅速报警。对应当自行撤离现场而未撤离，造成交通堵塞的，交通警察将依法对驾驶人处 200 元罚款，并对其其他道路交通安全违法行为一并处罚。

2）当在道路上发生造成人身伤亡的交通事故时，车辆驾驶人应当立即抢救受伤人员，并迅速报警。

3）当非机动车与非机动车或者行人在道路上发生财产损失事故，未造成人身伤亡，而且基本事实以及成因清楚的，当事人应当先行撤离现场，再自行协商处理损害赔偿事宜。如果当事人对交通事故事实以及成因有争议，则应当迅速报警。

（2）交通事故当事人应当保护交通事故现场。交通事故现场是指发生交通事故的车辆与事故有关的物体、痕迹和伤亡人员及其所在地点。现场情况是了解、判断事故发生过程、原因、责任和正确处理事故的重要依据。发生交通事故后，当事人故意破坏、伪造现场，毁灭证据的，承担全部责任。

保护交通事故现场，就是保护交通事故发生时的原始现场，车辆、物品、伤亡人员以及痕迹都不能变动。为了解决抢救受伤人员同保护现场的矛盾，在抢救受伤人员需要变动现场时，应当标明位置。

（3）解决道路交通事故损害赔偿。在道路上发生交通事故后，当事人不能自行协商处理的，报警之后，交通警察到现场后，进行勘验、检查，收集证据，制作交通事故认定书，作为处理交通事故的证据。当事人收到交通事故认定书后，对交通事故损害赔偿的争议，有两条途径可供选择，即请求公安交通管理部门调解，或是直接向人民法院提起民事诉讼。

交通事故损害赔偿项目和标准依照有关法律的规定执行。

（4）发生交通事故后，决不能逃逸。如果逃逸，将承担交通事故的全部责任。发生重大交通事故逃逸，将被依法处以终生禁驾。对方当事人如果有过错，要及时收集证据，提供给警方，可减轻自己的责任。

（二）发生在高校内部的交通事故的处置

高校的道路归高校自己管理，高校的道路允许社会车辆进入和停放，故校园道路应是社会道路的延伸。高校里发生交通事故，当事人根据情况自行协商解决，也可以向公安机关交通管理部门报案并向学校保卫部门报告。

第七章

正确使用网络　防止网络侵害

第一节　网络不良信息对大学生的侵害及其预防

一、网络不良信息对大学生的侵害

（一）不良政治信息对大学生的侵害

校园网已经成为高校广大师生获取信息、丰富知识、交流思想的重要信息平台。尽管各高校在校园网安全管理方面做了大量工作，但仍不时有人在网上传播不良有害信息，尤其是在国内外重大政治活动和重大敏感事件期间。境内外敌对势力和别有用心的人也千方百计利用这个重要阵地，他们在网上传播虚假信息，造谣惑众，对社会热点和敏感事件进行恶意炒作，误导舆论，煽动闹事，危害社会稳定与和谐。

在我国，“法轮功”邪教组织被禁止活动，但它在网上的非法活动仍很猖狂。拥有电子邮箱的人们经常会收到来自“法轮功”邪教组织的邮件，其中不乏歪理邪说，甚至有煽动颠覆中国政府的内容。在泛滥的邪教信息面前，一些政治意志薄弱的人可能会陷入泥潭。

（二）黄、赌、毒等信息对大学生的侵害

随着电脑和互联网的迅速普及发展，新型违法犯罪形式——网络违法犯罪也愈演愈烈，涉及网络色情、赌博、毒品等方面的有害信息对青年学生心灵的腐蚀令人发指。

互联网上各种色情信息的泛滥，加上青年学生生理、心理正处于发育期，如果缺乏正面引导，很容易诱发青年学生进行卖淫嫖娼、强奸或利用网络传播色情牟利等违法犯罪活动。

2008 年 2 月 22 日，新华网编发了《研究生办色情网站　大学生发表嫖娼体会》的新闻。特大淫秽网站“风月神州”曾经嚣张一时。“风月神州”把服务器建在境外，主要针对中国大陆发布了大量的各大中城市“买春”“找小姐”等卖淫嫖娼信息；众多会员还发表了大量的嫖娼“体会”。该网站拥有注册会员 10 万余人，张贴淫秽色情文章 2 万余篇，页面浏览量高达 2 亿多次。而且，里面还有大量的淫秽图片。2007 年 5 月，南通警方得到举报，此后警方辗转广东、湖北、北京、天津等 7 省市，通过准确追踪定位，一举缉捕以“大鸟大”为首的传播淫秽色情物品犯罪团伙。2010 年 1 月，许多新闻报刊登载了题为《裸聊网 80 后老总身家过亿　主播多为女大学生》的文章，吸引了大量读者。

2009 年 4 月，荆州市公安局侦查发现 380 余个色情淫秽网站。这些网站不断跳转域名，但大多指向同一个色情网站：丁香成人社区。其累积访问量高达 7.3 亿次，独立访客达 3891 万人次。进一步侦查发现，这是一个犯罪团伙旗下的网站，而这些网站主要来自重庆。在公安部、湖北省公安厅统一组织下，荆州市公安局网监支队一举打掉了由郑立、戴泽焱、刘峻松等组织的网上淫秽表演犯罪团伙。2010 年 1 月 5 日，荆州市公安局召开新闻通气会，首次向社会披露了震惊全国的“071”网上组织淫秽表演案件细节，案件性质之恶劣、涉案金额之大、组织之严密、技术之精良，均为近年来罕见。

（三）网上交友不慎的惨痛教训

大学生上网聊天说说心里话，交流交流情感无可厚非，但有的大学生上网，就是为了结识异性朋友，进而产生“网恋”情结；一旦陷入“网恋”，就难以自拔。某高校女大学生陈某，上网聊天时结识了一个上海籍男网友，她从约见进而到深陷网恋，乃至发展到与学校、家庭不辞而别。陈某最后受到学校劝退的处理。2010 年 8 月，有媒体报道《女硕士网络交友惹祸　与“变态男”裸聊 3 年》，内容惊心动魄，发人深省。

一些犯罪分子利用上网聊天的机会甜言蜜语勾引异性，以请吃饭、送礼物等理由约女方出来见面，然后就露出丑恶面目，实施抢劫、诈骗、性侵害等违法犯罪行为。利用网络交友的手段实施强奸、杀人的案件，时有发生。这类犯罪嫌疑人物色的对象主要是在校女生以及一些阅历浅、社会经验不足的女性。他们先用网上聊天博得女性的信任，接着约见面，请吃饭喝酒，之后实施强奸甚至杀人。

网络交友容易发生侵害事件的原因主要有：

（1）有些人以通过网络骗色骗财为目的。他们利用青年女性渴望了解异性、渴望尝试爱情的心理，处心积虑地勾引她们。一旦达到玩弄女性、骗色骗财的目的，他们就“蒸发”了。

（2）网络色情泛滥，成为导致大学生性错误、性犯罪的重要原因之一。有些大学生上网自控能力弱，热衷于浏览色情、淫秽等不良信息，受到潜移默化的影响。

（3）一些女性对社会治安形势了解不够，对网络的负面效应认识不足，对“虚拟社会”可能产生的真实伤害缺乏戒备，对“网络熟人”——真实的陌生人盲目信任；自我安全防范意识和自我安全保护能力比较薄弱。

二、对网上不良信息侵害的预防

（一）大学生抵御网上不良信息侵害的方法

（1）要上内容健康的网站，不要浏览充满色情、暴力、凶杀、赌博等有损自己身心健康的内容；不沉迷于网络游戏和聊天，应多搜集了解有益于身心健康和学习的信息，培养高尚的情操，努力树立正确的人生观、价值观、世界观。

（2）要充分认识网络世界的虚拟性、游戏性和危险性，对网络恋情要多一分清醒，少一分沉醉，时刻保持高度警惕，不要把网络当作逃避现实生活的避风港。网络生活不可能代替现实生活，生活中无论遇到什么困难，都应该采取积极的态度去面对，去解决。

（3）要保持正确对待网络的心态，遵守《全国青少年网络文明公约》：“要善于网上学习，不浏览不良信息；要诚实友好交流，不侮辱欺诈他人；要增强自我保护意识，不轻意约会网友；要维护网络安全，不破坏网络秩序；要有益身心健康，不沉溺虚拟时空。”要树立自尊、自律、自强意识，增强辨别是非和自我保护的能力，自觉抵制各种不良信息及违法犯罪行为的危害。

（二）大学生上网的安全策略

（1）要增强自控能力，上网场所要择优，上网时间要适量，浏览内容要健康。对网络“虚拟社会”，不能过分沉溺，尤其是对“网恋”“网络同居”“网婚”等两性互动活动，切不可过分地痴迷而深陷其中。对网上的不良信息或者非法信息，要提高识别能力，认清本质，坚决进行抵制。不要访问色情网站，这类网站往往会伤害青少年的身心健康。

（2）要加强自我保护，防止遭受非法侵害。对“网友”异乎寻常的邀请，要保持警觉，以免上当。为了达到罪恶目的，有不良企图的“网友”会对你海誓山盟，抛出各种诱惑，诱使你与他直接交往，见面后就会露出其狰狞面目，对你进行偷骗或敲诈勒索，甚至是更严重的性侵害、抢劫或者杀害。因此，防范的最好方法是不要和陌生人随意约会，不给犯罪分子可乘之机。

（3）要加强自我约束，克制利用计算机进行违法活动的心理。计算机违法犯罪所具有的高智能性、高隐蔽性等特点，对青少年具有很大诱惑性。大学生要特别注意提高法律意识，克制涉及计算机的违法犯罪心理。

（4）注意躲避网络陷阱：

1）恶意网站。互联网上有许多恶意网站，这里面有色情网站、游戏网站或者打着咨询服务等旗号进行诈骗活动的网站。当你浏览这些网站时，它要求你下载一种软件，声称用它可以免费无限制使用该网站的资源。实际上，该软件是国际长途电话自动拨号程序，下载后它就会自动运行，结果产生高额国际长话费用。有的在你上网时篡改你的注册表，使该网站成为默认主页；有的网站在一些收费项目选择上设置复选框陷阱，误导消费者，看似免费，实际上要扣信息费。扣钱一瞬间，你想取消这项服务却要大费周折。

2）不良网络游戏。有的游戏以色情、暴力或恐怖袭击为主题，有的暗藏不良政治目的，显然不利于青年学生的身心健康。一些大学生因为沉迷于游戏世界，损害了身体健康，荒废了学业，最终导致退学；有的大学生通宵达旦玩游戏，过度劳累，引发精神疾病或猝死。大学生首先要以学业为重，玩电脑游戏应有选择、有限度，避免损害身心健康。

3)“黑网吧”。非法网吧不具备完善的安全环境，安全无保障。北京市海淀区“蓝极速”非法网吧曾发生火灾，造成25人死亡，13人受伤。死伤人员中有多名大学生。面对这25条生命血写的教训，明智者应远离“黑网吧”。

4）淫秽色情陷阱。互联网上有许多色情淫秽网站网页，媒体曾报道过以“博客”方式传播的充满色情的网络音频日记在网上泛滥的问题，令人忧虑。“电子海洛因”具有影响范围广、危害腐蚀性强的特点，大学生应特别警惕。

针对网络色情泛滥、网上黄毒愈演愈烈的情况，国家有关部门主办的“中国互联网违法和不良信息举报中心”网站(net. china. com. cn）已于2005年6月开通，大家应积极检举和揭发黄色网站，协助政府围剿淫秽色情网站。

近年来，公安部会同有关部门组织开展的依法打击网络淫秽色情专项行动成效显著，广大群众非常支持和拥护。但是，由于境外网上有“黄”源，境内有土壤，一些不法分子、犯罪团伙没有打掉，大量的整治工作没有到位，网络淫秽色情等有害信息的传播和牟利渠道没有切断。网络淫秽色情等有害信息仍然存在，必须保持严打高压态势和开展经常性的清理整治工作。2011年1月，全国“扫黄打非”办公室公布了2010年“扫黄打非”十大案件。这十大典型案件的迅速侦破有力地震慑了违法犯罪分子。

打击网络淫秽色情专项行动得到全国各地大学生们的积极响应。他们纷纷表示，要从自身做起，自觉抵制网络淫秽色情。

5)“黑客”教唆陷阱。随着互联网的普及和扩大，“黑客”的活动也日益活跃。一些“黑客”成立组织，建立网站，传播黑客技术。这对一些青少年具有很大的吸引力。大学生对此应慎重对待。

6）邪教陷阱。网上有一些邪教组织网站，他们冒用宗教、气功等名义，大肆宣传反人类、反社会、反科学的歪理邪说，造谣生事，发展组织，危害社会稳定。“法轮功”邪教组织在互联网上的非法活动也十分猖獗。同学们应保持高度的政治警惕性，自觉抵制和反对邪教组织的渗透活动。

7）网恋陷阱。网恋在某种程度上满足了人的精神需求。有人同时和许多人发展多角网恋关系，有的人从网恋发展为网上同居、网上婚姻等。但是，网恋的欺骗性、危害性不容忽视。要警惕虚幻的网恋可能造成的真实伤害。

8）网络同居。有专家指出，部分青少年参与“网络同居”，是他们现实交往能力较低和责任意识淡薄的表现。网络虚拟生活是一种非理性的生活，理想化的网络生活和现实生活之间的落差有可能造成人格分裂，这对人是一种潜在的伤害。

9）网络裸聊陷阱。在网上传播淫秽色情的方式主要有两种，一个是建立色情网站，采用会员制收费的方式；另外就是利用网上的视频软件，提供裸体视频聊天。公开的裸聊是违法行为。

2008年4月3日，新华网编发文章《浙江女子因网络裸聊被定罪量刑　全国首例》。因在网络裸聊，浙江衢州女子方某被龙游县法院以“传播淫秽物品牟利罪”一审判处有期徒刑六个月，缓刑一年，并处罚金5000元。裸聊作为网络新型犯罪，在我国制定刑法时尚未出现。有关方面证实，因网络裸聊而被判刑定罪的，此前国内尚无先例。

10）网络购物陷阱。有关报告显示，网络购物用户年增长48.6%，是网络应用中用户增长最快的，而网上支付和网上银行也以45.8%和48.2%的年增长率，远远超过其他类网络应用，我国更多的经济活动正在加速步入互联网时代。据金山网络发布的网购安全报告显示，2010年，随着网络购物的发展，针对网络购物的安全威胁已经成为影响互联网安全的重要形式。在2010年，有近28%的互联网用户遭遇过虚假钓鱼网站、诈骗交易、网购木马、网银被盗等针对网络购物的安全攻击。有关的中国互联网安全研究报告显示，2011年网购安全信任危机是：每月3000个木马入侵。由此看来，我们应当掌握网购安全知识，网络购物必须十分小心，最好是采取网络下单、货到付款的交易支付方式。

11）网络赌博陷阱。大学生涉及网络赌博的违法犯罪案件时有发生。2010年9月20日《长沙晚报》刊登了《中国大学生“网络赌王”涉案2亿多元　在长沙落网》的报道。

2010年9月3日，最高人民法院、最高人民检察院、公安部联合印发了《关于办理网络赌博犯罪案件适用法律若干问题的意见》，对正确适用法律办理网络赌博犯罪案件，净化社会环境，促进文化发展繁荣和社会主义精神文明建设，具有重要的指导意义。

为打击网络赌博违法犯罪活动，最高人民法院、最高人民检察院、公安部等8部委从2010年1月开始，在全国范围内开展了集中整治网络赌博违法犯罪专项行动。专项行动以来，公安机关破案数量、抓获犯罪嫌疑人数量、冻结赌资数量、抓获境外派驻境内犯罪嫌疑人数量均超过前五年的总和。从而有力打击了赌博犯罪，遏制了赌博活动的蔓延。

12）网络传销陷阱。大学生要特别警惕网络传销等违法犯罪活动。2010年2月4日，国家工商总局直销监督管理局、公安部经济犯罪侦查局联合发布七项“打击传销违法犯罪活动警示”，其中一条即是提醒广大人民群众警惕传销组织打着“电子商务”“网络直销”“网络营销”“网络代理”“网上学习培训”“点击广告即可获利”等名义，利用互联网进行传销活动。

13）其他网络陷阱。目前所知的其他网络陷阱还有假冒银行网站、网上算命、网络“免费服务”、网络一夜情、网络性交易、网上替考“枪手”、网络窥探隐私、网络教唆自杀等。对于网络陷阱，同学们一定要小心防备。也可以依据《举报互联网和手机媒体淫秽及低俗信息奖励办法》进行举报，协助公安机关打击违法犯罪行为，维护社会治安。

三、手机上网的安全防护

2014年1月，中国互联网信息中心（CNNIC）在京发布了《第33次中国互联网络发展状况统计报告》，《报告》显示，截至2013年12月底，我国网民规模达到6.18亿人，较2012年底增加5358万人。我国手机网民规模达5亿，较2012年底增加了8009万人。手机网民在总体网民中的比例进一步提高，从2009年末的60.8%提升至81.0%。网民平均每天上网时长为3.63个小时。

根据相关研究统计，2013年3月，我国成为世界首个11.46亿手机用户国家。大学生群体的手机普及率已经高达99.9%，大学生用手机上网的人数也在随之不断增多。普通手机或者具有多种应用功能的智能手机，属于移动通信终端设备之一，已经是一个完整的超小型计算机系统。当手机越来越像平板电脑的时候，病毒就会找上门来搞破坏。

有关研究表明，随着智能手机市场的日益火爆，手机病毒也越发猖獗。不久前，一家手机安全中心截获了名为“安卓短信卧底”的手机病毒以及它的一个变种。该病毒能窃取手机中的短信内容，造成用户隐私严重泄露，其变种病毒除能窃取短信外还能监控用户的通话记录。手机“杀手”们还将在 PC 领域极具杀伤力的“僵尸网络”病毒搬到了手机领域（中招的手机会自动向外发送带有恶意链接的短信），手机病毒已经呈现出大规模传播的势态。

手机安全防护必须引起我们的高度重视。手机安防包括了反病毒、反骚扰、数据和隐私保护等几大方面，难度或将大于 PC。目前，安装手机安全软件是重要防护措施，保护功能中有病毒防护、防盗保护、隐私保护、加密、反垃圾邮件、防火墙等。

同学们可以从流行的手机安全软件中选装可靠软件，注意保护好自己的隐私。

第二节　上网的生理安全和心理安全

一、上网的生理安全

（一）上网对生理健康可能造成的损害

大量事实证明，长时间不正确地使用电脑或上网对人的身体健康可能造成多种损害。例如损害使用者的眼睛、颈椎、脊椎、腰部和背部、手指和手腕、下肢以及皮肤等，甚至可能降低人体的免疫能力。因此，大学生应养成科学健康地使用电脑和上网的习惯，积极预防上网对生理健康的损害。连续长时间上网会造成体力透支等后果，甚至会危害生命。2011 年 5 月 28 日，千龙网上登载了《不到俩月，一高校两学生上网猝死》的报道，给少数痴迷上网的学生敲响了警钟。

（二）预防上网对生理健康损害的方法

（1）注意保持正确的操作姿势。

（2）注意用眼卫生，预防“电脑眼”。眼睛与显示屏应保持至少

60cm 的安全距离，显示屏的亮度应适宜，同时注意环境光线的调节。

（3）注意选用优质键盘、鼠标，保持正确的操作姿势，防止引发手腕和手指疾病。

（4）不要长时间连续上网，每隔 1 小时休息一会儿，活动身体，预防下肢疾病。

（5）显示器的电磁辐射危害人体健康，应尽量选用辐射较低的显示器，或者使用防辐射器材。

（6）注意电脑使用环境的卫生，要去有合法营业资格、有安全保障、照明好、空气较好的网吧；在家里或宿舍上网要经常通风换气。

二、上网的心理安全

（一）应预防的上网心理疾病

使用电脑或上网要注意心理安全，预防以下几种心理疾病。

（1）计算机依赖成瘾。使用者没有明确目的，不可抑制地长时间操作计算机或上网浏览网页、玩游戏等，几乎每天上网五六个小时，经常熬夜上网，网瘾日益严重。

（2）网络交际成瘾。在现实生活中不愿和人直接交际，不合群，沉默寡言，但喜欢网络交际，经常上网聊天或通过其他网络交流方式与人交流思想情感；一天不上网交际，就浑身不舒服。有的成为博客型网民，恨不能时时刻刻挂在网上。

（3）网络色情成瘾。难以克制地上网浏览、下载色情网页，收看色情影像，收听色情广播，阅读色情文章等，沉溺在色情信息中难以自拔，甚至制作、传播色情信息，触犯刑律。

（4）网络躁狂或抑郁。一段时间不能上网，就会产生失落感、空虚感、焦虑感，烦躁不安，想找人吵架或攻击别人；有的心情郁闷，百无聊赖，产生悲观厌世、自杀念头。

如果发生了上述情况，上网后就可能产生更强的撒谎倾向，变得更加孤僻，容易冲动和狂躁，更加迷恋欣赏暴力血腥，对色情信息沉迷难舍，对学习逐渐失去兴趣，常常感觉除了上网别的都没意思，什么都空虚无聊。此时就要及时进行心理咨询，及时接受心理治疗。

（二）“网瘾综合征”自我诊断方法

有些心理学家提出 8 项标准可以自我诊断“网瘾综合征”。

（1）是否觉得上网已占据了你的身心？

（2）是否觉得只有不断增加上网时间才能感到满足，从而使得上网时间经常比预定时间长？

（3）是否无法控制自己上网的冲动？

（4）每当互联网的线路被掐断或由于其他原因不能上网时，是否会感到烦躁不安或情绪低落？

（5）是否将上网作为解脱痛苦的惟一办法？

（6）是否对家人或亲友隐瞒迷恋互联网的程度？

（7）是否因为迷恋互联网而面临失学、失业或失去朋友的危险？

（8）是否在支付高额上网费用时有所后悔，但第 2 天却仍然忍不住还要上网？

如果被诊断者有 4 项或 4 项以上表现，并已持续 1 年以上，那就表明已患上了“网瘾综合征”。

（三）使用计算机上网应警惕的不良心理

（1）追求刺激心理。掌握了计算机技术，就跃跃欲试，在不断破解别人电子密码，攻破网络禁区中寻求新刺激，乐此不疲。

（2）智力炫耀心理。自恃身怀计算机绝技，把网络当成施展高智商的舞台，解密攻关成瘾，专门挑战保密单位、军事部门或政府机关网站，进行非法入侵窥探、捣乱等活动。

（3）恶作剧心理。缺乏社会责任感和自我约束能力，道德观念淡薄，拿别人开电子玩笑，给人制造电子麻烦，捉弄人。

（4）图财牟利心理。国际有关研究表明，促使犯罪者实施计算机犯罪的最有影响力的因素是个人财产上的获利，其次是进行犯罪活动的智力挑战。侵财案件也是我国计算机犯罪的主要形式。

（5）报复陷害心理。因为达不到某种目的或与人有矛盾纠纷，或者自认为遭受不公正的待遇等情况，对他人实行电子报复或陷害。

（6）法盲侥幸心理。以为互联网无国界、无法律、无警察；以为利用电脑违法无形无影，留不下痕迹证据；以为执法机关精通计算机的人不多，未必能侦查破案。其实，我国和世界上许多国家都有网络监管机构和打击犯罪的网络警察，监管技术和人员的专业水平都相当高，专门打击计算机违法犯罪活动。

第三节　预防网络违法犯罪

一、上网应当承担的法律责任和应遵守的道德规范

（一）我国关于计算机及网络管理的法律法规

据统计，1991 年以来，我国颁布实施了几十部涉及计算机软件保护及著作权登记、计算机信息系统安全保护、计算机信息网络国际联网管理、计算机工程、电信管理、中国互联网络域名注册管理、中国公众多媒体通信管理、计算机信息系统保密、软件产品管理、电子出版物管理、计算机病毒防治、互联网信息服务管理和互联网安全、电子邮件服务管理等诸多方面的法律法规，其中许多条款与公民个人有较直接的关系。特别是《全国人民代表大会常务委会关于维护互联网安全的决定》（2000 年 12 月 28 日通过，以下简称《决定》），该《决定》用 5 条 15 款明确规定了对利用互联网实施的犯罪行为要追究刑事责任；同时还规定对利用互联网实施违法行为，尚不构成犯罪的，要追究相应法律责任。这进一步表明，在中国法律管辖的范围内，所有利用计算机信息系统及互联网从事活动的组织和个人，都不得进行违法犯罪活动，否则，必将受到法律制裁。

（二）关于使用计算机中的违法行为问题

在我国，除了依照《刑法》和《决定》等法律法规应予制裁的计算机犯罪行为外，还有许多不构成犯罪但同样是以计算机为工具或以计算机资产为侵害对象的一般违法活动。这些违法活动同样具有类似计算机犯罪的特点——智能性、隐蔽性和社会危害性，也应当引起我们的高度警惕。

简单地说，计算机违法是指行为人以计算机为工具或以计算机资产为侵害对象进行的违法活动。更确切地说，是违反计算机及网络管理和安全保护法律法规的活动。

《决定》第六条规定：“利用互联网实施违法行为，违反社会治安管理，尚不构成犯罪的，由公安机关依照《治安管理处罚条例》予以处罚；违反其他法律、行政法规，尚不构成犯罪的，由有关行政

部门依法给予行政处罚；对直接负责的主管人员和其他直接责任人员，依法给予行政处分或者纪律处分。利用互联网侵犯他人合法权益，构成民事侵权的，依法承担民事责任。”

2006 年 3 月 1 日实施的《中华人民共和国治安管理处罚法》，对有关计算机违法行为作了多条（款）规定，大学生应当有所了解。

（三）上网应恪守的道德规范

（1）讲究社会公德和 IT 职业道德，用掌握的计算机知识技术服务社会、造福社会；自觉维护国家安全和社会公共利益，保护个人、法人和其他组织的合法权益，不以任何方式、目的危害计算机信息系统安全。

（2）珍惜网络匿名权，做文明的“网民”。

（3）尊重他人的隐私权，不进行任何电子骚扰。

（4）尊重他人的财产权利，不侵占他人的网络资源或财产。

（5）尊重他人的知识产权、通信自由和秘密，不进行侵权活动。

（6）诚实守信，不制作、传播虚假信息。

（7）慎独慎微、慎行慎言，勿以恶小而为之。

（8）远离罪恶和色情信息，不查阅、复制、制作或传播有害信息。

二、利用网络侵犯财产的违法犯罪及预防

（一）利用网络侵犯财产的违法犯罪的主要形式

（1）利用网络进行抢劫犯罪、抢夺公私财物。“网络抢劫”是网络侵财违法犯罪的主要形式之一。据《深圳商报》报道，深圳的 5 个不法分子设下陷阱，上网专钓同性恋网友。他们通过上网结识同性恋网友，约网友在旅馆开房间见面，然后将网友财物洗劫一空。还有某大学辍学女生涉嫌以“一夜情”为诱饵，使用强力麻醉药抢劫了 10 名男网友，被警方刑事拘留。

（2）利用网络进行盗窃活动。网络盗窃活动形形色色，触目惊心。不法分子有的利用计算机网络盗窃银行巨额资金或者窃取他人银行存款；有的利用网络游戏系统的漏洞，破解游戏系统的账号和密码，盗取上万张在线虚拟包月卡，获大量赃款；有的盗取其他网络玩家的装备和游戏币等“虚拟财产”，与其他玩家交易，换取人民币。

（3）利用网络诈骗财物。互联网上发生数量最多的侵犯财产类违法犯罪是利用网络诈骗财物。北京《信报》报道：病毒、黑客和流氓软件这三个“火枪手”，已经开始拉帮结伙地骗取计算机用户和网民的钞票。瑞星公司发布的《中国大陆地区2005年度计算机病毒疫情暨网络安全报告》显示，利用“僵尸网络”赚钱的“黑客经济”产业链条已经在2005年底初步形成。有九成的黑客是瞄准用户钱袋的，而在此前，炫耀技术一直是病毒编写者的初衷。

当前，互联网所面临的安全威胁呈现出一些新的特点和趋势。据CNNIC发布的《2013年中国网民信息安全状况研究报告》显示，当年遇到网络安全问题的网民比例高达74.1%，影响总人数4.38亿。金融行业网站成为不法分子骗取钱财和窃取隐私的重点目标。网络违法犯罪行为的趋利化特征明显，大型电子商务、金融机构、第三方在线支付网站成为网络钓鱼的主要对象，黑客仿冒上述网站或伪造购物网站诱使用户登录和交易，窃取用户账号密码、造成用户经济损失。CNCERT（国家计算机网络应急技术处理协调中心）监测显示，2013年1~11月，境内外约有2.4万个木马或僵尸网络控制服务器控制了我国境内933万余台主机，境内网站的钓鱼页面27396个，被篡改网站数量21860个。木马和僵尸网络病毒依然对网络安全构成直接威胁。随着移动互联网智能终端的普及，手机恶意程序开始出现并快速蔓延。不法分子利用手机恶意程序窃取用户隐私信息、恶意订购各类增值业务或发送大量垃圾短信，危害用户利益和网络安全。2013年我国智能手机上网用户遇到恶意软件的比例高达33.2%，中毒或木马占9.1%，账号或密码被盗占3.2%。

随着我国互联网新技术、新应用的快速发展，未来的网络安全形势将更加复杂。同学们要提高对网络安全威胁的认识及网络安全防护意识，做好个人计算机和手机的安全防护，养成良好的安全上网习惯，避免访问不安全的网站或安装无法确定安全性的软件。

（4）利用网络敲诈勒索财物。在互联网上进行网络敲诈勒索的案件时有发生，其中有涉及大学生的案件。《东南快报》刊登了《大学生拍下与北京女大学生性爱全过程后敲诈》的文章；天津某大学一个25岁的男生，利用“QQ”散布信息，以“加入会所、高薪回报”为诱饵，诱使 4 名女大学生“入会”，然后骗色、骗钱实施敲诈。

(5) 利用网络盗接他人通信线路、复制他人电信码号的案件也多次发生。

(二) 预防网络侵犯财产违法犯罪的原则

(1) 要对网络侵害行为保持高度警惕，加强上网的自我安全保护措施，积极预防黑客、病毒和非法软件的侵害，不要使你的计算机成为黑客的网络“肉鸡”。面对网络盗贼“一偷、二骗、三劫持、四滋扰”的行径，同学们要严加防范，保护好自己的现实财产或者虚拟财产。

(2) 不要贸然约会“网友”，如要约会务必慎重选择时间、场所和见面形式。选择白天，选择你熟悉而且人流较多的安全场所，并应提前约定“接头”暗号，以便暗中观察陌生“网友”；女生约会异性网友见面，最好请亲友、同学帮助参谋一下，以防万一。

(3) 对有以下特征的网站、网络交易要提高警惕。

1) 网站刊登虚假信息。在网页上标注的办公地址均属虚构，并在网站上私自粘贴经营性网站备案信息标识，甚至张贴虚假营业执照；有的电话接通后，拒绝透露网站办公地址。

2) 售价超低。卖家出售的物品比市场同类商品的价格低很多。对这类商品，务必要谨慎，因为有些不良的卖家就是用低价陷阱蒙骗消费者的。你应当上网查看同类商品的信息，多方比较再下决定。

3) 评价超好。新注册的网站，却在短时间内好评如潮。有关专业人士说，网上购物要尽量选信用度高的卖家交易，但也不能盲目相信星级，建议在下单前要查看该网站的注册时间、交易的具体商品以及其他买家的真实评价。

4) 私下交易。卖家网上同意使用“支付宝”，实际成交时却要求私下交易。如果碰上卖家执意私下交易，务必三思而后行。贵重物品尽量选择同城交易、货到付款或者使用“支付宝”付款。如果你不能到场交易，应尽可能让亲友帮助一手收货、一手交钱。

(4) 防范常见的网络诈骗。常见的网络诈编方法有：

1) 骗子通过电子邮件冒充知名公司，特别是冒充银行网站，以系统升级等名义诱骗用户点击进入假网站，并要求用户同时输入自己的账号、网上银行登录密码、支付密码等重要信息；有的甚至通过自设的“报警电话”来骗取客户的密码信息。如果你粗心上当，骗子就可能利用骗取的账号和密码窃取你的资金。

2）骗子利用网络聊天等形式，以网友的身份低价兜售网络游戏装备、数字卡等商品，诱骗用户登录其提供的假网址，骗取银行账号、登录密码和支付密码。

3）不要轻率下载、打开一些来路不明的程序、邮件等，骗子有可能通过这些程序、邮件等将木马病毒置入你的计算机内，一旦你使用“中毒”的计算机登录网上银行，你的账号和密码就有可能被窃取。

4）网络诈骗万变不离其宗，目的就是要“套出”你的密码和账号。金融卡持卡人对来历不明的短信或电话要高度警惕，在任何情形下都不要轻易向他人透露银行卡密码等账户信息。收到可疑诈骗短信或可疑电话时，应积极向警方报案。如果确有疑问，应亲自到银行柜台办理，或者致电各发卡行的客服热线，如中国银联全天24小时客户服务热线95516，北京银联咨询电话83521718等。

三、计算机犯罪

“计算机犯罪”是从20世纪40年代以来出现的一种新的犯罪形式，随着信息科技尤其是互联网的发展进步与广泛应用，其内涵和外延也在不断深化和发展。“计算机犯罪”并非刑法规范意义上的一个或一类罪名，它和“青少年犯罪”“暴力犯罪”“性犯罪”等术语一样，都是依据犯罪学研究的特点进行归类划分的犯罪学上的犯罪类型。在我国刑法上并不存在“计算机犯罪”这一典型罪名概念。

世界各国对“计算机犯罪”的定义各不相同。我国有关法规提出的定义是：“以计算机为工具或以计算机资产为对象实施的犯罪行为”。并进一步解释说：“这里所说的工具是指计算机信息系统（包括大、中、小、微型系统）。也包括在犯罪进程中计算机技术知识所起的作用和非技术知识的犯罪行为。犯罪一词中包含了危害社会和应处以刑罚的含义。”

我国《刑法》第 285 条、第 286 条明确规定有“非法侵入计算机信息系统罪”“破坏计算机信息系统罪”；第 287 条规定：“利用计算机实施金融犯罪，盗窃、贪污、挪用公款、窃取国家秘密或者其他犯罪的，依照本法有关规定定罪处罚。”

每一个使用计算机或利用互联网的大学生，都应当远离罪恶，避免危害社会和他人的合法权益。

第八章

遵守安全规定　保障教学和社会实践活动安全

第一节　实验室安全

高校实验室安全事故按其发生的原因可分4种类型：①因人员操作不慎、仪器设备使用不当和粗心大意酿成的事故；②因仪器设备和各种管线年久失修、老化损坏酿成的事故；③因自然现象酿成的自然灾害事故；④人为因素造成的非法侵害或破坏事故。高校实验室里，这些事故的表现形式为火灾、爆炸、毒害及机电伤人等。

一、实验室火灾事故原因及预防

学生在实验室做实验使用各种仪器设备，接触化学试剂、药品和易燃危险品，如果违反规定和操作不当极易引发火灾。

（一）实验室发生火灾的主要原因

（1）在实验室抽烟并乱扔烟头，接触易燃物。

（2）供电线路老化、短路、超负荷运行。

（3）忘记关电源，致使通电时间过长、电器温度过高和电线发热。

（4）电器操作不慎或使用不当。

（5）易燃物品保管或使用不当。

（6）不遵守实验室安全管理规程，违反操作规则，实验中擅自脱岗等。

（二）实验室火灾的预防

（1）参加实验的学生在实验前要认真检查实验设备的安全性能状况，发现电线及设备存在故障时，应及时报告实验室管理人员。

（2）学生进入实验室应严格遵守实验室管理规定，不得违规在实验室内吸烟或使用电器。

（3）参加实验的学生操作设备时应精力集中，严格执行操作规程，使用易燃易爆物品时更要谨慎小心，实验结束前学生不得擅自脱岗，以防发生火灾事故。

（4）参加实验的学生要了解实验室灭火器材的种类、存放位置和使用方法，一旦实验室发生火灾时，在报警的同时，立即使用灭火器材灭火。学生还要熟悉实验室的安全通道，以便一旦发生大火时能够迅速逃生。

二、实验室爆炸事故发生原因及预防

爆炸是大量能量在短时间内迅速释放或急剧转化成机械能的现象。高校实验室的爆炸事故多发生在具有易燃易爆物品和高压容器的实验室。

（一）酿成实验室爆炸事故的直接原因

（1）违章操作，没有遵守安全管理规定。

（2）设备老化、存在故障，未及时检修。

（3）易燃易爆物品管理不善，发生泄漏，遇火花引起爆炸。

（二）实验室爆炸事故的预防

（1）了解爆炸物的性能。在接触爆炸物之前，必须了解爆炸物的基本性能，如它在什么条件下会爆炸？有多大的威力？可能造成什么样的伤害后果等。

（2）在与爆炸物品接触时，要做到“七防”：防止可燃气体粉尘与空气混合；防止明火；防止摩擦和撞击；防止电火花；防止静电放电；防止雷击；防止化学反应。

（3）严格遵守各项法律、法规和规章制度。对于爆炸物的使用、管理、运输，国家有关部门都有严格规定，单位也有各方面的规章制度。如爆炸演示、试验、参观等，未经领导和指导教师允许，不得擅自参加；实验剩余的爆炸物，必须如数上交，不得私拿、私用；不允许私带、私藏、转让、转卖、转借爆炸品。这些规定必须严格遵守，切不可大意。

（4）要严守岗位职责。同学们在进行实验、实习时，常常是分组活动，几个人共同进行操作，这就要严格按操作规程行事，听从统一指挥，协调行动，恪守职责。违规操作将会造成巨大的经济损失和人员伤亡。

(5) 发现问题，及时报告。如发现丢失爆炸物品或有违反国家关于爆炸品管理规定的行为，同学们不要自行处理，更不能听之任之，必须及时报告老师、学校保卫部门或当地公安机关，便于组织上采取措施，防止危害事故发生。

(6) 做好实验设备特别是压力容器的定期检验。

三、实验室中毒事故发生原因及预防

高校实验室的中毒事故多发生在具有化学药品和剧毒物品的化学、化工、生化实验室和具有毒气排放的实验室。

(一) 实验室中毒事故发生的原因

(1) 违反操作规程，将食物带进有毒物实验室或食物与有毒物品共同存放在一起，造成误食。

(2) 因管理不善，造成毒品散落流失，引起环境污染。

(3) 排风、排气不畅，毒气难以散出，致使未离开实验室人员中毒。

(4) 废水排放管路受阻或失修改道，造成有毒废液流出，致使环境污染，引起中毒。

(5) 没有按规定穿防护服装、戴防毒面具等进行有效防护。

(二) 实验室中毒事故的预防

大学生要特别重视剧毒物品的使用与管理问题。剧毒物品关系到人的身体健康和生命安全，国家和有关单位都制定有严格的储存、运输、使用、销毁等一系列规章和制度。在实验中需要使用剧毒物品的，要严格遵守规定，不得有任何差错。对剧毒物品要按照“五双制”（双人保管、双锁、双帐、双人领取、双人使用）的规定进行管理；剧毒物品只能在规定的房间内使用，并且要严格该房间的出入制度；学生在使用剧毒物品时，必须有教师带领；剧毒物品不得私自转借、赠送、买卖；剧毒物品用完后，废弃物要妥善保管，不得随意丢弃、掩埋或水冲，应上交学校统一处理等。对这些规定，每一个人都必须严格遵守并互相监督。只有这样，才能确保自身及他人的安全。

四、实验室安全事故案例

(1) 北京某大学一名学生做“苯乙烯和生物油聚合”的实验，

实验中擅自离开实验室，脱离岗位期间发生了通风橱着火事故，导致实验设备被毁。

(2) 北京某高校一实验室由于酒精遗洒，引起突然起火，过火面积150平方米。

(3) 2012年南京某高校实验室甲醛泄漏，事故导致近200人紧急疏散，所幸未造成人员伤亡。

(4) 浙江某高校一实验室因电源故障发生火灾，燃毁室内笔记本电脑3台，台式机2台，空调2台，指导教师与研究生所有的研究资料被毁。

(5) 浙江某高校一名博士生实验中误将一氧化碳气体接至输气管路，导致中毒死亡。

(6) 北京某大学学生在做电池材料实验时，违反操作规程，将没有完全氧化的锂金属（约5克）放到水池中冲洗，锂金属氧化残余物与水反应燃烧引起爆炸，室内水池被炸成碎片，门窗玻璃破碎，一名学生受了轻伤。

第二节 实 习 安 全

实习是大学生尤其是理工、医、农等专业教学计划中非常重要的实践性教学环节。实习一般分为工程训练、认识实习、生产实习、毕业实习等类型。无论哪种类型的实习，其共同特点是与生产实际接触，强调学生动手操作，正因如此，生产中存在的种种安全隐患，就可能在学生身上发生。

一、实习伤亡事故发生原因及预防

(一) 学生在实习中发生人员伤亡事故的主要原因

(1) 对实习设备不熟悉，操作失误，从而引发伤亡事故。有的学生对设备操作不熟悉，在好奇心驱动下容易造成操作失误。如北京某大学学生在一家工厂进行认识实习时，由于对冲床的误操作，造成其右手中指被切断。

(2) 安全意识差，违反安全操作规程，引发伤亡事故。有的学生安全意识淡薄，好奇心强，违规操作机械设备，致使发生伤亡事故。如某高校学生金工实习进行金属成型加工时，随意脚踩开关，造成左手小指被剪板机剪断。又如某医学院学生在进行毕业实习时，严重违反操作规程为病人注射抗菌素，险些造成病人死亡。

（3）安全知识匮乏，导致伤亡事故。由于学生对安全知识知之甚少，又缺乏系统的安全培训，从而造成事故隐患。如机械零件加工过程中对工件尺寸测量时，要求必须在机床完全停止转动后方可进行；加工的铁屑只能够用铁钩清理，不允许用手直接清除。但这些基本知识，却往往被学生所忽略。如某高校学生在实验室利用小型车床制作科研实验设备零件时，在机床未完全停止转动的情况下，匆忙测量工件尺寸而导致测量工具飞出，击伤手臂，缝合10针。

（4）不按规定要求着装和穿戴防护用具。工作服是实习学生进入实习场地所必须穿戴的服装，不同实习场合着装要求和服装的衣料区别也很大。但是有的学生没有按要求去做，而是随意着装，以致发生事故。如某高校学生进行金属焊接实习时，未戴防护眼镜，并在清除电焊渣壳时违反操作规程，使温度极高的焊渣崩入眼睛，幸运的是未伤及眼球，仅仅造成眼角化脓，3个月后方痊愈。又如某高校女学生因未戴安全帽，低头工作时长发被卷入高速旋转的车床中，造成头皮撕裂，落下终身残疾。

（二）实习中伤亡事故的预防

大学生在实习中必须树立安全第一的意识，严格执行实习安全技术规定和操作规程，要熟悉操作设备的性能，切勿盲目操作。要具备基本安全事故处置常识，一旦实习中发生事故苗头时，能够当机立断妥善处置，防止事故的漫延。

二、校外实习安全注意事项

由于校外实习是在社会大环境中进行，学生对环境、试验场所、设备状况和周围人员都不熟悉，社会上存在的不安全隐患也对学生产生影响，参加实习的学生除了要严格遵守操作规程、预防实习事故外，还应增强防范意识，全方位注意实习期间的自身安全。

（一）提高警惕，防止出现安全事故

为避免事故发生，首先要提高个人防范意识，如乘车时不坐超员车辆、无照运营的车辆等。其次，要提高公德意识，遵守公共道德，尽量避免与他人发生争执。第三，提高应急意识，在紧急情况下学会自救和应急处理。

（二）冷静理智处理人员交往中的问题

对实习环境要尽快熟悉，与不了解的人员交流应慎重，实习期间外出要向带队老师请假，与社会上人员发生争执时要冷静理智地处理，不激化矛盾，防止事态扩大。

（三）防止被骗

由于社会经验不足，个别学生在联系实习单位过程中上当受骗。2003 年轰动全国的欧丽曼传销案，涉及到了全国 10 个省市 13 所高校的近千名大学生，这些大学生被“洗脑”后有的变成了忠实信徒，有的则被传销组织严格控制，不许擅自活动，所有人员必须统一“晨练”“上课”和吃饭，俨然是一个地下监狱。

学生自己联系实习单位或单独外出实习时，要详细了解实习单位的资质情况，严格按照学校的规定实行备案制度，以便学校及时掌握其情况，预防被骗。

第三节　社会实践安全

大学生参与的社会实践活动，比较普遍的就是家教、打工和进行社会调查活动。在开展社会实践活动时，也要特别注意人身和财产安全。

一、家教、打工安全注意事项

大学生的家教活动是社会上的一种需要，也是大学生锻炼自己、提高能力的一种途径。据某刊物抽样调查，大学生做家教，因经济原因的占 46.9%，培养教学能力的占 31.6%，增加社会阅历的占 18.4%，打发多余时间的占 3.1%。大学生打工不仅可以锻炼自己，提高能力，为社会做出贡献，而且又能为自己挣得一笔可观的收入，减轻家庭的经济负担。但是学生在做家教、打工过程中应特别注意安全。

（1）提高警惕，防止上当受骗。不少大学生寻找家教或进行打工，是自己到社会上通过中介机构或私下联系找到的，并没有到学校有关部门登记注册。因为社会上中介市场和人员的良莠不齐、鱼龙混杂，所以部分大学生在做家教、打工过程中就容易发生问题。

针对以上情况，提醒外出做家教、打工的大学生，应争取得到学校的管理、指导和帮助，尽可能到学校有关部门登记注册，并学习、掌握有关的安全常识。

在交换意见、签订协议时，应仔细研究对方提出的要求和协议中的条款；不要匆忙允诺或签字，防止上当受骗。

（2）遵纪守法，诚信授课和工作。大学生做家教和外出打工，要遵纪守法，要讲诚信，认真教授知识，做好工作，不做违法的事情。对个别受教孩子家长以及打工单位领导提出的无理要求，应坚决予以抵制。

（3）大学生做家教和外出打工，来回的路上要注意遵守交通规则，避免发生交通事故。

（4）在做家教和外出打工过程中，大学生要注意文明礼仪、学会自我保护；不得随便动用雇主家的物品；不得住在雇主家里，避免发生意外事情。

二、社会调查安全注意事项

高校每年都组织大学生结合专业到农村、工厂开展社会调查（考察）活动。这项活动大都是由学校组织进行的，一般都由教师带队，学生具体组织安排。由于人员较多（一般十几个人、二三十人），到外地需乘车，并且吃、住、行都需要自行安排。在社会调查中需注意的安全事项如下。

（1）交通安全。在前往调查地和返校的过程中，以及在调查地都要乘坐火车、汽车、轮船、公交车等交通工具，要注意上下车（船）的安全和遵守城市交通规则，避免发生交通安全事故。若发生交通安全事故，要依靠当地交通安全管理部门，依照交通安全法律、法规进行妥善处理。

（2）治安、消防安全。我国的治安形势和状况总体是好的，但也时常发生盗窃、诈骗、火灾等案件，因此不管到何地、在何时，都要随时提高警惕，做好防盗，随时保管好自己的物品，防诈骗，防火灾，避免发生这类案件和安全事故而影响社会调查（考察）工作的顺利进行。不要露天住宿，要住在安全的旅馆或可靠的人家里，避免发生意外事故。分散外出时，应事先确定集合的地点和时间；万一人员走失，要及时使用电话联系，或报警寻求当地公安机关的帮助。

（3）卫生安全。在外出调查过程中，要注意饮食卫生，预防食物中毒，防止病从口入；不要随便到无照饭馆和小摊就餐；不要购买“三无”食品和食用过期的食品与饮料。夏天尽量不要食用剩菜、剩饭。要自带一些常用药物，如出现一般常见病可对症吃药，严重时应立即到医院就诊。还要讲究个人卫生和保持公共环境卫生。

（4）交往安全。大学生开展社会调查，出门在外，人生地不熟，要学会与人交往，谈话态度要好，问路问事要有称谓，进行调查时要讲文明礼貌，问话客气。要注意听被调查人介绍情况，认真记录，要谦逊谨慎。遇到不顺心的事情，受到不公道的礼遇，要忍耐，要善解人意，学会换位思考，不要发脾气闹纠纷，不要急吵斗嘴，相互谩骂，更不能你推我拉，打架斗殴。否则，会损坏大学生的社会形象，影响调查工作的深入进行。

（5）女大学生在社会调查中要注意防性侵害。女大学生穿戴不要太奇特、太暴露；夜间外出时要结伴而行，要尽量走明亮、往来行人较多的大道，不到僻静的地方去；尽量不找陌生人带路；就寝时应关好门窗，夜间到室外上厕所要格外注意安全。

（6）一般不提倡个人外出开展社会调查。因为个人身单力薄，力量有限，一旦发生安全事故，难于解决和处置。如果一定需要个人外出进行社会调查，可以事先通报学校，由学校与前往调查地有关单位联系，请他们帮助和协助开展社会调查，并帮助处置有关事宜。

第四节　体育运动安全

一、体育器械伤害的预防

大学生在体育锻炼中经常会涉及到体育场地或者器械伤害人体的事故。如场地不平整，容易崴脚，扭伤脚踝；投掷器械时不注意会砸、扎伤人；单双杠螺钉松动、器械不牢固，人容易从器械上摔下来受伤。因此，在体育锻炼中一定要注意以下几点。

（1）参加体育锻炼时一定要先做好准备活动，使身体逐渐进入运动状态，防止人体没有活动开，肢体僵硬，导致器械碰伤、撞伤。

（2）参加体育锻炼时尽量选择平整的场地。如果在不平整的场地锻炼时，要始终保持脚踝的一定紧张度，防止踏踩在不平的地方脚踝松弛造成扭伤。通过锻炼提高脚踝的力量，也可以防止在不平整的场地上扭伤脚踝。

（3）参加投掷项目的锻炼时，要注意观察器械下落地区的情况，有无行人穿过，确定安全后再将器械投出手。一些通过旋转技术投掷的器械，如掷铁饼等，一定要在有护笼的场地里进行投掷，防止铁饼出手飞行的落点超出预定的范围。

（4）使用单双杠、杠铃等组合器械进行锻炼时，要先检查器械的螺钉、卡扣等是否牢固，避免发生意外。

（5）在球类运动中，不要强迫自己做出没有练习过的动作。要注意防止头顶足球时砸在鼻子或者眼睛上，防止受伤，打篮球抢篮板球时手指挫伤，打排球传球时手指扭伤等。只要通过锻炼，技术熟练了，球性提高了，就可以最大限度地降低或防止以上各种受伤的发生。

（6）参加长跑运动时要选择穿比较松软的衣服、运动鞋，防止穿不合适的衣服、鞋在跑步中磨破皮肤或脚趾。

（7）参加滑冰或滑雪运动时，要注意在失去平衡时顺势摔倒、团身，保护自己。不要用硬力对抗，防止由于冰刀、雪杖的碰撞、击打而意外受伤。

（8）雾霾天气参加锻炼时，要时刻关注 PM2.5 值，当可入肺颗粒物 PM2.5 值大于 75 时，应减少长时间或高强度户外锻炼，以避免因空气污染对身体造成损害。

二、游泳安全注意事项

游泳是许多人比较喜欢的体育运动项目，也是学校体育课中要进行的主要教学项目之一。大学生游泳时一定要注意以下几点。

（1）了解游泳场所的情况，确定是否安全。一般的情况下，游泳场所应该有救生条件、卫生设施以及较为严格的管理措施，这才是比较安全的游泳场所。

(2) 游泳入水前应该先做准备活动，活动身体，适应水温，然后再下水游泳。

(3) 学习游泳时一定要由浅入深，循序渐进，逐步完成各个环节，从熟悉水性、漂浮、换气、划水，到学会一种游泳的姿势，然后再扩展到学习各种游泳姿势。

(4) 不论是游泳的初学者还是游泳的熟练者，在游泳的过程中都严禁在水中打闹、嬉戏。否则，非常容易将水珠吸入气管或者肺部，通常称作“呛水”。由于呛水后气管被水堵住，人体失去呼吸的条件，很容易造成大脑缺氧性休克，直接导致死亡。

(5) 游泳中，如果出现身体不适的情况，应该马上离开水池，上岸缓解或接受救护。

(6) 自然水域的游泳安全系数比较低，初学者不要独自到自然水域中去游泳。已经学会游泳的爱好者，到自然水域游泳时要结伴前往，首先要了解该处是否允许游泳；在允许游泳的情况下，要弄清水域的情况，由浅水处熟悉环境，逐渐向深水域过渡；不要在不熟悉的自然水域中潜泳或者跳水。在没有组织的情况下，一般不要到江河、湖泊、水库、池塘里游泳，更不要到禁止游泳的水域游泳，以免发生意外。

(7) 在海水中游泳时，由于海水的浮力比淡水大，游泳时会感觉比较轻松。但是海水的水域情况比较复杂，一定要正确估计自己的水性，量力而行；体力和技术不强的，不要到深水区域游泳；同时只能在固定开放的海水浴场游泳，不要到情况比较复杂的浴场外游泳，避免发生意外事故。

三、心源性猝死的原因及预防

人们在参加体育运动中发生心源性猝死的现象并不常见，但其发生的后果比较严重，可以导致生命受到威胁，直至死亡。在建国50多年的学校体育活动和体育课中，全国每年均有猝死发生，概率统计一般在千万分之一内，大中小学生一年的死亡人数大约在几十人。

(一) 心源性猝死的原因

在正常情况下，一般健康人的心脏可以承受较大的运动负荷。安静时人的心率大约在70~80次/min，最大强度运动时能够达到180~

200 次/min，这种心率变化的幅度说明人的心脏功能是比较强大的，能够适应人体从安静到大运动量状态的大幅度变化。随着运动的结束，经过休息，心率会逐渐恢复到安静时的状态。人体心脏的这种休息、工作节律的变化及自我调整，保证了人体的健康。

正常的人体有一颗健康的心脏，参加体育运动时一般都不会发生心源性猝死，而健康的心脏只有通过体育锻炼来获得并增强。

心源性猝死是指由于各种心脏原因引起的自然死亡，发病突然、发展迅速，一般死亡发生在症状出现后 1h 内。病发后心脏停止收缩，失去排血功能，医学上称为心脏骤停。这类心律失常自行转复可能性很小，但如能及时救治，部分患者可成功复苏。

常见的心源性猝死一般有以下 3 种情况。

（1）有心脏方面疾病隐患（如冠心病、心肌病等）的人在运动时可能会出现心源性猝死。

（2）心脏功能较弱的人参加体育锻炼时，选择了不是自己力所能及的体育项目和较大的运动负荷。在运动时，如果感到身体不适，要停止运动，在休息中让心脏逐渐恢复，一般不会发生问题。但是，往往在运动时，有的同学逞强好胜，不能量力而行，结果导致心脏没有能力供血，造成突然休克，心脏和大脑缺血、缺氧性猝死。

（3）心脏比较健康的人，在大强度连续工作、“开夜车”没有休息好或患有感冒发烧等疾病后，心脏的疲劳没有恢复，功能已经下降。在这种情况下，参加强度较大的体育锻炼活动时，也容易发生意外，导致猝死。

（二）预防心源性猝死的方法

（1）应对自己的心脏功能有一个清楚的认识。通过医学检查，了解自己是否有先天性的心脏疾病隐患。除了医学检查之外，还可以通过人体运动负荷的生理检查，对自己的心脏进行一个评定。

（2）参加体育运动时应注意观察自己的身体反应，如果没有任何不适的感觉，心率变化稳定，说明处于健康的状态中；如果脸色发白，身体感觉不适，嘴唇发紫，心率不齐，就应该停止运动，避免发生意外。

（3）参加体育锻炼贵在坚持，量力而行。运动负荷量应该循序渐进，逐步提高。只要能够通过长时间坚持锻炼，增强了心脏功能，有了一颗健康的心脏，就可以避免心源性猝死的发生。

（4）健康的人也需要很好地休息，保证自己的心脏能够通过休息恢复到最好的工作状态后，才能参加激烈的体育运动。

（5）在参加较大强度运动时，不要突然停止，避免在运动时血液集中在腿部肌肉中较多而使大脑短暂性缺血发生突然昏厥休克。在夏季气候炎热的条件下锻炼，身体出汗较多，要及时补充水，防止体液流失后补充不足造成失水过多后的运动休克。

（6）多选择一些户外有氧运动，多吸入一些新鲜空气，对保证心脏为人体供血、供氧充足、避免发生运动中的意外猝死也有一定的帮助。

第九章

保持心理健康　注意心理安全

第一节　大学生心理问题及其原因分析

高等学校培养的学生不仅要有良好的思想道德素质、文化素质、专业素质和身体素质，而且要有良好的心理素质。健康的人不仅要有良好的身体素质和生理健康，还要有完善的人格、良好的社会适应能力和心理状态。心理健康是完整健康概念的组成部分。

一、高校大学生心理健康总体状况

大学生的总体素质高于社会上的同龄人。大多数大学生心理健康状况良好。大学生心理存在两个主流：一是大学生心理健康是主流；二是有些大学生由于压力产生暂时的心理不适，要求咨询和辅导，要求健康是主流。但是确实有一些学生存在心理问题，需要认真对待。有关调查资料表明，有16.5%的在校大学生可能存在中度以上的心理问题，如果得不到及时调整与帮助，可能会发展为心理疾病。据北京高校调查统计，2008年1月至2010年12月，高校学生自杀人数达67人，平均每年有22.3名学生自杀身亡，这个数字超过高校其他非正常死亡学生人数总和。此期间发生大学生离校出走事件27起。2012年，高校学生自杀人数达28人，自杀未遂6起，离校出走6起。总结这些学生自杀、出走事件的经验教训，不健康的心理是导致事件发生的主要原因。

二、大学生存在的主要心理问题

（一）适应环境过程中的问题

少数大学生在适应环境过程中会出现以下问题：消极、悲观，对个人生活及社会生活产生不满足感，或是要面对个人理想和生活目标的重新确立等问题。主要表现为：生活能力弱，对挫折的心理承受力差；面临学业、生活、感情方面的挫折，缺乏经验和技巧，显得无所适从，情绪低落，情感起伏，甚至怀疑人生；面对就业制度的改革带来的机遇与挑战，没有足够的心理准备。

（二）学业问题

大学校园里，大多数学生能经受住紧张的学习考验，顺利地完成学业。但是也必须看到，确有一些大学生存在时间或长或短、程度或轻或重的学习困难。导致学习困难的原因虽然多种多样，但是分析的结果表明，心理障碍是主要的原因之一。常见的心理障碍有：学习压力大，动力不足；学习目的不明确，学习动机功利化；学习成绩不理想；严重的学习焦虑、学习疲劳等。

（三）情绪问题

大学生作为一个特殊群体，对自己情绪的控制能力较差，同时又要面对纷繁复杂的社会，还要处理好学习、生活、工作、交友之间的关系，承受进一步深造或就业的压力，竞争的日趋激烈，使得少数大学生情绪上的困扰和障碍时有发生。主要有抑郁情绪、焦虑情绪、狂喜情绪、自卑情绪、自负情绪、愤怒情绪、冷漠情绪等。具体表现为悲哀、暴躁、愤怒、内疚、紧张、冷漠、猜疑、易放弃等。

（四）人际关系问题

进入大学，远离原来熟悉的生活与学习环境，面对新的人际群体，大学生往往表现出缺乏人际交往经验，并且自身在人际交往中的不自信又不利于增加自身的人际魅力，显得很不适应。主要表现为自卑心理、自傲心理、自恋心理、封闭心理、敏感心理、孤僻心理、逆反心理、自私心理、虚假心理、嫉妒心理、敌视心理等，这些不健康心理影响了大学生的人际关系，更影响了他们的成长。

（五）恋爱中的问题

大学生在恋爱中常见的问题主要表现为择偶标准不实际、恋爱动机不端正、爱情表达方式上缺乏修养；受西方观念影响，性行为轻率；不能正确对待恋爱挫折，以致产生自杀、报复、抑郁等不良心理和行为。

（六）性心理问题

性教育是道德教育、文明教育、健康教育，也是人格教育，这种理念基本得到了教育工作者的认同，但大学生性生理与性心理方面的问题并未得到很好地解决，主要表现在性生理适应不良。青春期性生理的成熟，必然带来相应的心理变化，渴望获得异性的好感与承认，产生性幻想、性压抑、性冲动等。由于性教育的严重缺失，有的学生不能正确认识自我的性反应，产生了堕落感、耻辱感与罪错感。有的大学生因性幻想不能自拔以至于萌发轻生的念头，还有的学生由于对自身性生理欲望的放纵，与恋爱对象发生两性行为，个别学生甚至走上了卖淫嫖娼、强奸等违法犯罪的道路。

（七）特困生心理问题

近年来，特困生的思想、学习、生活已受到社会各界的广泛关注。高校采取了“奖、贷、勤、免、补”等办法，广开渠道，解决困难学生的生活问题。不容忽视的是，困难学生不仅仅是经济困难，他们的心理问题也值得引起高度重视。少数特困生与普通生相比，更多地表现出自卑而敏感、人际交往困难的状况。尤其是“双困生”，学业成绩不理想，家庭经济又困难，心理负担很重。

三、大学生心理问题产生的原因

（一）社会原因

当代大学生处在东、西方文化交叉，多种价值观冲突的时代。过去传统的观念被打破，新的正确的观念尚未确立，在许多问题的认识上感到模糊不清，如对个人利益与个人主义、个性发展与个性放纵、自我意识与以我为中心、合理享受与追求享乐等难以弄清。少数学生追求新异，盲从西方文化，看不惯中国社会的现实，有时感到空虚、压抑，造成心理失调和种种不适。长时间的心理失调必然带来心理上的冲突。加上一些格调低下及观念错误的书刊、影视等媒介所带来的消极影响，阻碍了部分学生身心的健康成长。

（二）家庭原因

家庭环境对大学生心理会产生重大的影响。家庭成员之间的关系、家庭的教育方式、父母的人格特征等都会对子女产生影响。过度保护型、过度严厉型以及离异和充满矛盾型的家庭都会给学生带来不良影响。过度保护型家庭会导致学生产生依赖、胆怯、任性等心理倾向；过度严厉型家庭会造成学生冷漠、盲从、缺乏自尊自信的心理倾向；溺爱型家庭容易造成学生利己、骄横和情绪不稳。父母对子女的期望值过高，与现实发生较大的差距，给学生造成压力。另外遗传因素也会引起学生的心理问题。高校一些学生出现心理障碍，其中部分就有家庭的烙印。

（三）应试体制原因

客观地说，应试教育制度使学生的身心受到很大影响，造成学生自我管理能力、人际沟通能力较差的状况，少数学生过于单纯和幼稚，意志比较薄弱，挫折承受力低。进入大学以后，面对更加繁重的负担、激烈的竞争，学生承受的心理压力比以前更大。另外，大学生特别是高年级学生越来越关注就业问题，而就业形势严峻，学生毕业之前选择的职业不理想或在就业中受到挫折，都可能造成大的心理压力。

（四）自身原因

学生自身的原因是导致大学生产生心理问题的关键因素，大学生在上大学期间面临艰巨的心理发展课题，学生要积极适应社会，学会处理人际关系、异性交往，要勇于承担社会责任，并正确总结经验教训。大学生面对新的环境，要努力完善自我，使自己全面成熟起来。少数存在较大心理障碍的学生难于摆脱各种心理问题的困惑，则需及时到心理咨询中心寻求更多的专业性的指导和帮助。

第二节 大学生心理健康标准及心理问题的预防

一、大学生心理健康标准

人的健康包括生理和心理两方面。世界心理卫生联合会将心理健康定义为：“身体、智力、情绪十分调和；适应环境，人际关系中彼此能谦让；有幸福感；在工作和职业中能充分发挥自己的能力，过着有效率的生活。”现代医学研究表明，信仰破灭、自卑、多疑、压抑、骄傲等都是心理不健康的表现，都会不同程度地影响人的身体健康。根据以上定义，结合大学生的心理特点，大学生的心理健康应包括以下内容。

（1）正常的认知能力。认知指人对事物认识与理解的心理历程，包括知觉、记忆、思维、想象、学习、语言、理解等心理现象。正常的认知能力要求具有敏锐的感知能力，较强的记忆力，良好的思维力，丰富的想象力，语言表达清楚，理解力强。

（2）情绪健康。情绪健康的主要标志是，情绪稳定和心情愉快（乐观开朗，充满热情，富有朝气，满怀自信，对生活充满希望，善于控制和调节自己的情绪，既能克制约束，又能适度宣泄，不过分压抑，情绪反应正常）。

（3）意志健全。意志是推动人们采取各种行动、克服困难以达到预定目标的心理过程。意志健全者为实现预定目标，在行动中能表现出较多的自觉性、果断性、顽强性、自制力，机智灵活地克服困难，坚韧不拔，持之以恒，不受外界诱惑；反之则表现为不良习惯多而难以改正，缺乏主动性，优柔寡断、轻率鲁莽、害怕困难、顽固执拗、易受暗示、容易更换目标，甚至一曝十寒。

（4）自我评价恰当。自我评价是指一个人对自己的身心状况、能力和特点，以及自己所处的地位、与他人及社会关系的认识和评价。一个心理健康的人能作出恰当的自我评价，能体验到自己存在的价值，对自己的能力、性格、优缺点能客观评价；同时，能接受自己，对自己抱有正确的态度，不骄傲也不自卑。

心理不健康的人常缺乏自知之明，对自己的优缺点缺乏正确的评价，自高自大，自我欣赏或是自暴自弃。

（5）人格完整。人格指一个人的性格、气质、能力等特征的总和。人格完整指具有健全统一的人格，即心理和行为和谐统一的人格。包括：①人格要素无明显的缺陷和偏差；②具有正确的自我意识；③人生观正确，并以此支配自己的心理与行为；④人格相对稳定。

如果一个爽朗、乐观、外向的大学生无缘无故的突然变得沉闷、悲观、内向，那就有可能是他的心理出现不健康状况了。

（6）人际关系良好。人际关系良好既是心理健康的标准之一，也是维护心理健康发展的重要条件。心理健康的人乐于与人交往，能充分认识到与人交往的重要作用，富有同情心，对人友善，理解、悦纳他人，采取恰当的形式与他人沟通，交往中不卑不亢，人际关系比较和谐。

心理不健康的人时常表现出人际交往障碍，对人与人交往缺乏正确的认识，不能采取恰当的方式与他人交往，结果人际关系紧张，缺乏知心朋友，总把自己游离于群体之外。

(7) 社会适应良好。社会适应指对社会环境中的一切刺激能作出恰当正常的反应。心理健康的大学生能适应生活环境的变化，与现实保持良好的接触，不回避现实，主动面对各种挑战，妥善处理自身与环境的关系，创造条件使自己始终处于有利环境中。心理不健康的大学生则相反。

二、大学生心理问题的预防

(1) 自我调节，化解心理问题。高校大多数学生具有良好的心理素质，有能力进行自我调节，化解学习、生活中遇到的各种心理问题。对于遇到的大量轻微心理问题，可以通过增强自身的修养来解决。读书是提高自身修养的最好途径。大学生们通过广泛阅读书籍，不断吸取知识，提高自身综合素质，对问题的看法、对事情的处理就会更加全面、冷静，一些心理问题便会自然消失。

(2) 学习保持心理健康知识，掌握心理调节方法。要学习保持心理健康的知识，积极参加心理健康的讲座，掌握一些心理问题的鉴别方法和常用的心理调节方法，树立科学的健康观。要勇于参加社会实践，丰富生活经验，增加社会阅历，尤其要多参加心理健康方面的社团活动，增进人际交往能力，增强抗挫折能力和社会适应能力。

(3) 冷静、理智地对待心理问题。大学生在出现较严重的心理障碍时，要以科学、理智的态度对待，积极参加心理普查，主动、积极地到学校心理健康部门进行咨询和治疗，及时排除心理障碍。

(4) 关心并帮助其他同学解决心理问题。大学生还要关心周围的同学。当发现有同学出现心理问题时，不要冷漠、讥讽或者漠然置之，而要积极、热情地给以亲近和关心，选择正确的方法耐心细致地给其做工作，帮助其排除心理障碍。当发现有同学患有严重心理疾病时，要将情况及时报告学校，并劝说其去找心理医生，及时进行心理咨询和心理治疗。

第三节 大学生主要情绪障碍及其预防

一、大学生中存在的主要情绪障碍

据部分省市关于在校大学生心理障碍情况调查发现，在大学生心理咨询门诊中，绝大多数求询者都有不同程度的情绪问题，其中抑郁症状占第1位，其余依次为自卑、焦虑、恐惧等其他情绪障碍。对于那些性格内向、不善交往、适应能力较差的学生，这些不良的情绪障碍往往持续较长时间，由此形成严重情绪障碍的潜在危险因素，影响大学生的学习、生活和健康。

(一) 抑郁情绪

抑郁情绪是少数大学生中存在的不良情绪。学生在情绪上有时表现出悲伤，觉得心情压抑和苦闷；在认识上表现出负性的自我评价，对未来充满悲观的期望；在动机上表现出对周围事物缺乏兴趣，依赖性增强；在躯体上表现出明显的不适感，食欲不振、失眠、动作缓慢、疲乏无力等。

(二) 自卑情绪

大学生自卑感的产生有内在和外在原因，从外部环境来看，因适应困难造成学习成绩差、理想与现实的冲突带来优势感的丧失是重要原因。从内在心理看，自卑是大学生自我意识发展和自我评价不当的结果。

(三) 焦虑情绪

焦虑是大学生常见的心理障碍。大学生进入新的环境后因适应困难以及身体健康状况不佳都可能产生焦虑情绪。理想与现实发生冲突，而自己又不能正确对待，也可能产生焦虑情绪。

(四) 恐惧情绪

恐惧情绪主要是指病理性恐惧，有些大学生存在的恐惧情绪主要表现为社交恐惧。

二、情绪障碍的预防

(一) 抑郁情绪的预防

预防抑郁情绪的关键是学生要正确认识自我价值，多回想过去成功的经验，树立信心，积极参加一些使人高兴愉快的文体活动，转移对抑郁情绪的体验，必要时还应寻求心理咨询者的帮助。

（二）自卑情绪的预防

要克服自卑情绪，就要建立正确对待自卑的态度，分析自卑产生的心理过程，通过建立合理、积极的自我评价来消除和克服自卑情绪。当然，寻求专业的指导和帮助也会有一定的效果。

（三）焦虑情绪的预防

比较轻微的焦虑会随着时间的变迁、环境的改变而自动消失；如果焦虑的感觉自己无法控制且严重持久，则应及时寻求心理咨询者的帮助和治疗。

（四）恐惧情绪的预防

恐惧情绪的产生多种多样。消除恐惧情绪的办法有：首先要学会使全身肌肉完全放松，通过自我暗示或听轻音乐可达到一定的减轻效果。大学生还要自觉学习社交技巧，提高社会交往能力，消除社交恐惧情绪。严重的恐惧情绪则需要咨询专业人士。

三、大学生自杀行为的预防

大学生自杀行为与情绪障碍有着密切的内在联系。大学生自杀行为的产生有多方面的原因，但毫无例外地都有着不正常的情绪背景。存有轻生念头的大学生，在自杀行为前均处在难以自控的负性激情或明显的抑郁消沉的状态。

大学生要学会冷静理智地处理问题，用理智控制情绪，通过心理暗示使自己冷静，采用宣泄、转移的方法控制自己的情绪。

自杀现象是大学生不良情绪严重而得不到及时妥善消除的结果。因此，要预防个别大学生的自杀行为，首先要评估他的自杀风险指数，并尽快激发他的希望感和被支持感，尽快消除他的不良情绪。周围的同学要主动接近、关心有自杀危险性的同学，帮助他们解决实际困难，进行必要的情感沟通，使其珍爱生命，摆脱绝望和无助、无力的负面情绪。大学生产生自杀行为前都有明显的征兆：

（1）可能遭到明显的外部刺激，情绪低落、悲观抑郁。

（2）一般孤僻内向，缺乏与周围同学的正常交流，缺少人际支持。

（3）一般缺乏明确的生活目标和信心，对事物易产生悲观失望的体验。

（4）直接或间接地有过自杀的暗示和感到威胁，曾有过自杀行为的其自杀风险更高。

对于具有明显自杀企图的大学生应予以特殊的监护，要采取多种措施，进行教育、说服、关心和护理以及治疗，以缓解和消除与自杀有关的危机。

第十章

保守国家秘密　维护国家安全

第一节　树立保密意识　保守秘密

一、国家秘密、商业秘密的概念

（一）国家秘密

国家秘密是关系国家安全和利益，依照法定程序确定，在一定时间内只限一定范围的人员知悉的事项。

国家秘密包括下列事项：

（1）国家事务重大决策中的秘密事项。

（2）国防建设和武装力量活动中的秘密事项。

（3）外交和外事活动中的秘密事项以及对外承担保密义务的事项。

（4）国民经济和社会发展中的秘密事项。

（5）科学技术中的秘密事项。

（6）维护国家安全活动和追查刑事犯罪中的秘密事项。

（7）其他经国家保密工作部门确定应当保守的国家秘密事项。

国家秘密的密级分为绝密、机密、秘密三级。绝密级国家秘密是最重要的国家秘密，泄露会使国家安全和利益遭受特别严重的损害；机密级国家秘密是重要的国家秘密，泄露会使国家安全和利益遭受严重的损害；秘密级国家秘密是一般的国家秘密，泄露会使国家安全和利益遭受损害。

（二）商业秘密

商业秘密是指不为公众所知悉，能为权利人带来经济利益、具有实用性并经权利人采取保密措施的技术信息和经营信息。所谓权利人，是指商业秘密的所有人和经商业秘密所有人许可的商业秘密使用人。

商业秘密同其他知识产权一样，是一种智力劳动成果，是一种财产权。它一般包括企业产品设计、配方、工艺、技术数据、图纸以及经营状况、策略、客户名单、货源情报、招标方案、标底、知识产权、技术诀窍等在内的一切不宜公开的、采取了保密措施的秘密事项。在我国，有些商业秘密的泄露，不仅给权利人带来了重大损失，而且使国家安全和利益遭受损害，所以有的商业秘密同时也是国家秘密。

二、保守国家秘密、商业秘密的重要意义

(1) 保守国家秘密关系国家安全。西方敌对势力和“台独”势力千方百计窃取我政治、军事、国防科技等方面的情报，以便了解和掌握我国国防军事实力。一旦他们窃取了这方面的情报，他们将采取有针对性的对我不利的措施，以达到他们颠覆我国社会主义制度和国家政权、分裂祖国的目的。

(2) 保守国家秘密关系国家经济利益。当今世界国际间的竞争突出表现在经济实力方面的竞争。为此，许多国家还特别注重经济、科技情报的窃取。从事这方面的情报人员被称作工业间谍。这些间谍千方百计地窃取我国的经济和科学技术方面的情报，一旦他们窃取了这方面的情报，将为其本国获取巨额的经济利益，而我国经济利益将遭受巨大损失。

(3) 保守商业秘密关系到社会主义市场经济有秩序地发展。一旦商业秘密被泄露或者被窃取，被他人非法使用，原商业秘密的所有人或者经他许可的使用人的经济利益将遭受损失。因此，保守商业秘密也关系到市场经济中的公平竞争和社会主义市场经济有秩序地发展。

三、高校和科研单位失泄窃密案例

近年来，由于某些高校和科研单位保密管理不严，一些人保密观念淡薄，致使失泄窃密偶有发生。

某重点军工单位一名技术专家，2005 年退休时私自留存了部分涉密技术资料。2006 年他被原单位返聘从事技术培训工作。期间，他又复制了一部分涉密技术资料。这位技术专家将所有非法留存和复

制的涉密技术资料保存在个人联网计算机中。2009 年 7 月，有关部门在技术检查中发现，这位技术专家的联网计算机遭到国外间谍情报机关的网络攻击，数十份机密级和秘密级国家秘密资料被窃取。这位技术专家工作期间持有的涉密技术资料，应按照有关规定在退休时及时清退涉密载体，但是他未做到。他在返聘期间又复制涉密技术资料，并将非法留存和复制的涉密技术资料存在个人联网的计算机中，是保密法中规定的"非法获取、持有国家秘密载体"的违法行为。

2008 年秋，A 市某部门组织一项大课题，某著名高校知名的张教授应邀作为该课题的牵头人。在研究过程中，张教授在该部门档案室查阅并摘抄资料时，发现有一份标着"机密"的文件对课题涉及问题的表述十分全面，有十几页的篇幅。他就让该部门办公室的小刘帮他将这份文件扫描下来。小刘发现了张教授给的是一份机密文件，按规定是不允许随意复制的，但他想到本部门的李部长有过交代，要全力配合张教授的研究工作，便将文件扫描，把文件电子稿刻入光盘，交给了张教授。小刘对张教授说："您一定不能把它放在连接互联网的计算机上，用完了赶紧删除掉。"张教授回校后没有按照小刘的要求去做，而是把文件存进了自己的连接互联网的笔记本电脑中，并在自己的移动硬盘中留了一个备份。课题很快结束了，张教授对于自己笔记本电脑和移动硬盘中存有涉密文件的事淡忘了。2009 年冬天，助教小徐根据学校"把有关课件放到网络课堂上给同学们学习用"的要求，受张教授的委托，在整理张教授的移动硬盘时，发现那份涉密文件参考性很强，便直接挂到学校网络课堂上。张教授的学生小赵看到学校网络课堂上刊登的这份文件，觉得很有用，将其下载后刊登在自己的博客上，导致了这份机密文件被广泛传播。张教授和小刘违反了保密法的规定，分别受到了党纪政纪的严肃处理。

四、大学生要树立保密意识，养成保密习惯

高等学校是传授知识、运用知识和创造知识的重要场所。我国高校承担着国家大量的自然科学和社会科学方面的研究任务，有许多方面在国内、国际上处于领先地位。因此，高等学校中存在有国家秘密，有些秘密的密级还比较高。高等学校中所掌握的国家秘密一旦泄露，必将给国家造成严重、甚至特别严重的损失。高等学校学生，特别是参与科学研究的学生，一定要树立保密意识，养成保密习惯。

大学生头脑里要有敌情观念，决不要以为天下太平。决不能因为自己保密意识淡薄，麻痹大意，而给国家造成不应有的损失。大学生要自觉做到以下几点。

(1) 认真学习《中华人民共和国保守国家秘密法》及相关的保密法律法规，学习本单位保密工作规定。严格按照保密法律法规、规章制度，使用、管理和传递保密文件、资料，只有这样，经过长时间实际工作的锻炼，才能养成保密习惯。

(2) 不泄密。不把自己掌握的国家秘密、商业秘密对不应该知悉的人员透漏，不擅自扩大知悉范围，不在公共场所谈论国家秘密、商业秘密，不在私人通讯中涉及国家秘密、商业秘密。

(3) 不失密。对自己掌握、保管的秘密文件、资料、信息，严格依照保密规定进行管理，自觉做到不携带保密文件、资料出入公共场所，绝对不使它丢失。

(4) 积极采取措施，严防国家秘密、商业秘密被窃取。要经常检查保密措施是否符合保密规定；对于不该接触保密事项的而对于保密事项格外感兴趣的人，尤其要提高警惕。

(5) 涉密信息、内部事项不上网。参与涉密程度高的科研项目的大学生，要严格遵守计算机的使用、管理、维修和销毁的有关规定，知悉的涉密信息不得上网，防止发生泄密。

大学生在保守国家秘密和商业秘密的同时，还要注意保守个人秘密。据网上报道，2007 年 11 月 18 日，22 岁的西南某大学大四的学生浙江温州人小吴，先后接到两个人打到其手机上的电话，对其进行辱骂。小吴远在温州家中的母亲也接到了电话，说小吴在学校出了车祸，急需抢救，请家人汇 3 万元到某银行账户。对方自称是小吴的班主任“黄老师”。小吴的母亲给小吴打通电话后，才知遇到了骗子。骗子之所以找到小吴手机和家里的电话，是因为网上简历泄密。大学生求职时，常常在网上注册简历，结果泄露了个人的秘密。为防止被骗子钻空子，大学生网上注册时，要选择对简历资料进行保密。

第二节 树立国家安全意识 维护国家安全

一、国家安全的概念以及国际间谍活动

（一）国家安全的概念

国家安全是指国家的独立、主权、领土完整以及相关的国家政权、社会制度和国家机关的安全。其实质是指与国家政权直接相关的安全。

国家安全有广义、狭义之分。广义的国家安全，包括防御外敌入侵，维护国家的独立、主权、领土完整，防范国外、境外间谍机构实施的或者他们与境内组织或个人勾结实施的危害国家安全的行为，以及维护国家的社会秩序、公共秩序、公民人身权利、国家和公民个人财产的安全。狭义的国家安全，是指《国家安全法》所规定的危害国家安全的行为所侵害的对象。我们这里讲的是狭义的国家安全。

我国《宪法》规定，“公民有维护祖国的安全、荣誉和利益的义务，不得有危害祖国的安全、荣誉和利益的行为。”

国家安全关系到国家的生死存亡。无论哪一个国家，无论是什么样的社会制度，都会把国家安全作为巩固政权统治的首要任务。习近平同志 2014 年 4 月 25 日在中共中央政治局第十四次集体学习时指出：各地区各部门要贯彻总体国家安全观，准确把握我国国家安全形势变化新特点新形势，坚持既重视外部安全又重视内部安全、既重视国土安全又重视国民安全、既重视传统安全又重视非传统安全、既重视发展问题又重视安全问题、既重视自身安全又重视共同安全，切实做好国家安全各项工作。要加强对人民群众的国家安全教育，提高全民国家安全意识。要全面推进依法治国，更好维护人民群众合法权益。对各类社会矛盾，要引导群众通过法律程序、运用法律手段解决，推动形成办事依法、遇事找法、解决问题用法、化解矛盾靠法的良好环境。维护国家安全，是每一个大学生的光荣义务。

（二）国际间谍活动

间谍已经有几千年的历史。

第二次世界大战后，国际间谍活动日趋复杂，到 20 世纪 80 年代

已经达到白热化程度。各国间谍不仅疯狂攫取他国的政治、军事情报，而且挖空心思搜集他国的经济、技术情报。渗透与反渗透、颠覆与反颠覆、破坏与反破坏的斗争不断激化。

新中国建立以后，境外间谍机关对我国的情报窃取从未停止过。特别是 1978 年我国实行改革开放政策以来，隐蔽战线上的斗争出现了许多新情况。以美国为首的西方国家，在对苏联和东欧实施和平演变的战略得手以后，扩大了对我国的情报活动。在发展对华关系的同时，继续推行“西化”“分化”中国的战略。他们互相勾结，伺机对我国进行渗透、颠覆和破坏活动。

我国周边的一些国家，无论是历史上与我国友好的，还是近年来实现关系正常化的，也都从来没有停止过对我国的情报活动。

每一个大学生，对于国外、境外间谍机关疯狂窃取我国政治、经济、科技和军事情报的活动，必须充分重视，保持高度警惕。

二、危害国家安全的行为及其法律责任

（一）危害国家安全的行为

危害国家安全的行为是指境外机构、组织、个人实施的或者指使、资助他人实施的，或者境内组织、个人与境外机构、组织、个人相勾结实施的危害中华人民共和国国家安全的行为。具体有以下几种情况：

（1）阴谋颠覆政府，分裂国家，推翻社会主义制度的。

（2）参加间谍组织或者接受间谍组织及其代理人任务的。

（3）窃取、刺探、收买、非法提供国家秘密的。

（4）策动、勾引、收买国家工作人员叛变的。

（5）进行危害国家安全的其他破坏活动的。

“资助”实施危害国家安全的主体，是境外机构、组织或个人。“资助”的方式有两种，一种是向有危害国家安全行为的境内组织、个人提供经费、场所和物资；一种是向境内组织、个人提供用于进行危害国家安全活动的经费、场所和物资。

“勾结”实施危害国家安全的主体，是境内组织或个人。“勾结”的方式有三种，一是与境外机构、组织、个人共同策划或者进行危害国家安全的活动；二是接受境外机构、组织、个人的资助或指使，进

行危害国家安全的活动；三是与境外机构、组织、个人建立联系，取得支持、帮助，进行危害国家安全的活动。

（二）危害国家安全行为的法律责任

我国法律对于危害国家安全的种种行为，规定了其法律责任。危害国家安全的行为，主要承担刑事法律责任或者行政法律责任。

我国法律规定，对具有危害国家安全的行为、为国外境外间谍机构提供情报的行为、阻碍国家安全机关、公安机关执行任务的行为、泄密和玩忽职守的行为、国家安全机关工作人员侵犯公民人身权利、民主权利的行为，凡构成犯罪、应依法承担刑事责任的，给予下列刑事处罚中的一种或多种：管制、拘役、判刑（有期、无期、死刑）、罚金、剥夺政治权利、没收财产。行为人有危害国家安全行为，承担行政法律责任所受的处罚有行政拘留、行政处分、没收非法所得的财产，对危害国家安全的境外人员除追究刑事法律责任外，适用限期离境或驱逐出境的处理。

《中华人民共和国国家安全法》对于犯间谍罪和在境外受胁迫或者诱骗参加敌对组织的，还规定了"自首从宽"和"主动说明情况不予追究"两项重要的刑事政策。

三、大学生维护国家安全的义务和权利

（一）大学生维护国家安全的义务

（1）应当为国家安全工作提供便利条件或者其他协助。

（2）发现危害国家安全的行为后，应当直接或者通过学校及时向国家安全机关或公安机关报告。

（3）国家安全机关调查了解有关危害国家安全的情况、收集证据时，大学生应当如实提供，不得拒绝。

（4）应当保守所知悉的国家秘密。

（5）不得非法持有属于国家秘密的文件、资料和其他物品。

（6）不得非法持有、使用窃听、窃照等专用器材。

（二）大学生维护国家安全的权利

（1）对国家安全机关及其工作人员超越职权、滥用职权和其他违法行为，有检举、控告的权利。

（2）在支持国家安全工作中享有法律保护的权利，做出重大贡献的享有受奖励的权利。

(3) 个人的交通工具、通信工具、场地和建筑物提供给国家安全机关为维护国家安全的需要使用后，有获得归还和适当费用的权利，造成损失的，有获得赔偿的权利。

四、大学生维护国家安全注意事项

国家安全是全国各族人民利益的根本所在，“国家利益高于一切”。大学生在维护国家安全中要做到以下几点。

(1) 认真学习《中华人民共和国国家安全法》，不断提高国家安全意识。国家安全意识是指公民在履行维护国家安全、荣誉及利益的义务方面所应具备的观念的总和，主要包括爱国主义精神、国家利益至上观念、法制观念、敌情观念、保密观念、安全防范观念以及情报信息观念等。

(2) 严格遵守国家安全方面的法律规定，认真履行维护国家安全的各项义务，积极协助国家安全机关、公安机关做好防范工作。在国家安全机关、公安机关因执行维护国家安全工作任务需要帮助时，予以积极必要的支持、帮助。

(3) 要珍惜并行使维护国家安全的权利。站稳立场，坚持原则。对于危害国家安全和利益的人和事，要及时上报。

(4) 把牢底线，抵御住形形色色的诱惑，不做任何损害国家安全与利益的事。

第三节　遵守外事纪律　注意自身安全

国际间广泛的交流合作，增进了国与国之间彼此的了解，建立了友谊，促进了共同发展。高校是我国对外文化交流与合作的重要园地，外事活动很多。如外国国家元首及重要领导人来校访问；涉外校际交流活动；国外专家学者来校演讲，举办各种讲座；各种对外学术交流、研讨会；各种对外交流庆典及纪念活动等。近年来，高校聘请的外国专家、学者不断增加，高校招收的留学生逐年增多，涉外交往频繁而广泛，在校学生出国进修学习的机会和人数也呈上升趋势。高校学生不可避免地要参与涉外活动，在涉外交往中应严格遵守外事纪律，注意涉外安全。

一、遵守外事纪律

在外事活动中，每个大学生都承担着维护国家安全、保守国家秘密的神圣任务；担负着维护国家主权和利益的神圣职责。国家的有关法律、法规及管理规定等对我国公民在涉外活动及与外籍人交往中应遵循的原则和应遵守的纪律做了明确的规定，提出了具体的要求。

大学生应树立国家安全意识，树立国家利益至上观念、法制观念、保密观念、安全防范观念及情报信息观念等，不断增强国家安全意识。在参与外事活动及与外国人交往中，要自觉遵守国家对涉外人员的有关规定，做到以下几点：

(1) 忠于祖国，忠于人民，坚决维护国家主权和民族尊严，不说不利于祖国的话，不做有损国格、人格的事。

(2) 保守国家秘密，执行保密规定，坚持内外有别，不随意同外国人谈论我国内部情况。不随意同外国人谈论学校不能公开的科研成果或其他国家机密。不私自带外国人到对外保密场所。

(3) 维护国家利益和民族尊严。如遇外国人发表有损于我国或学校利益的言论或提出怀疑误解的问题时，应阐明国家、学校的立场或给予必要的解释。

(4) 加强组织观念，自觉遵守纪律。提高警惕，防奸、反谍、反策反。

(5) 认真学习党和国家的路线方针和外交政策，注意自己的言行仪表，言谈举止要注意场合，不做有损国格人格的事。

(6) 不同外国政府机构、外国使领馆人私自交往。

(7) 注意接待礼仪，尊重各国的礼仪和风俗习惯，不搞大国沙文主义，不搞种族歧视。

(8) 接待来校任教、合作科研、留学进修、讲学、访问和参加国际学术会议的外国人，应讲究文明礼貌，热情友好，不卑不亢，以礼相待。

(9) 协助学校和有关部门做好安全保卫工作，保证外国人的人身、财产安全及正常活动。

二、注意自身安全

近年来，我国在国外求学、援建、经商、旅游的公民，时有被杀害、袭击、绑架、性侵害、殴打或遭盗窃和抢劫的，人身和财产权益受到侵害。高校学生在参与各种外事活动，与外籍人接触，出国、出境进修学习等活动中，不仅要坚决维护国家利益和国家安全，同时也要注意自己的人身和财产安全，做到以下几点。

(1) 出国、出境前，或者已经在国外，可浏览外交部网站 (www.fmprc.gov.cn) 上的“领事新闻”“出国特别提醒”和“前往某某国注意事项”等栏目，对所去国家或地区的社会情况、治安状况、风俗习惯、民风民情、人文地理、经济状况等进行详细了解，尽可能地掌握更多的真实情况，并据此做好准备。

(2) 为避免重要证件的遗失或失窃，出国、出境前将护照等重要证件进行复印，以便在需要时使用。

(3) 在国外、境外生活学习，要了解所在国家和地区必要的法律、法规和制度规定，遵纪守法；避免谈论敏感话题，避免因违反当地的风俗禁忌以及宗教信仰而引来的麻烦；避免无故涉足自己不熟悉或情况复杂的地方，特别是已提醒不要前往的地方。不要接触自己不熟悉的人员，尽可能地避免与当地人员发生纠纷和争执，遇到困难和问题，遇到地震、海啸、水灾、风灾、火灾、社会动荡、战乱、核辐射等灾害，及时与我驻外使领馆联系。寻求保护和帮助，及早脱离险境和困境。

(4) 在国外、境外遇到刑事案件如盗窃、抢劫、凶杀和交通事故应当向当地警方报案，并及时向中国驻外使领馆寻求领事保护和服务；涉及经济纠纷，应当争取与国内派出单位或雇主协商解决；遇到工伤事故，应当向警方报案或通知雇主，并要求通知亲友或者中国驻该国使领馆；如在居住国被羁押或监禁期间受到歧视和不公正待遇，或处罚、量刑过重，有权会见中国使领馆官员，反映情况，提出交涉请求。

第十一章

自觉遵纪守法　预防违法犯罪

第一节　大学生违法犯罪的主要形式

据调查，全国大学生犯罪案件及犯罪人员数量自1999年起开始上升。2001年比1999年增加了54.5%，2002年比2001年增加了97.1%。2003年至2009年5月，北京市海淀区人民检察院受理了67所学校601件盗窃案，其中215件是学生所为，占案件总数约36%。2006年，因参与犯罪被公安机关刑事拘留的北京高校学生达47人。2008年至2010年，北京高校有16名学生因暴力犯罪而受到法律惩处。

大学生违法犯罪的主体范围也在扩大，重点大学甚至名牌院校的犯罪大学生较过去明显增多。据上海一项关于“校园犯罪”的调查，在51名犯罪大学生中有16人来自重点高校，占总数的31%。据北京市海淀区人民法院对在校大学生犯罪案件进行剖析，发现重点大学的犯罪学生较以前明显增多。另外，据有关部门调查，女大学生违法犯罪也在明显增多。据北京市海淀区高校统计，2002年至2004年被海淀公安机关刑拘的女大学生年均增长率为41.5%。2006年，因参与违法犯罪受治安拘留以上处理的北京高校学生有58人，其中女生14人，占24.1%，仍呈上升趋势。

大学生违法犯罪的形式呈多样化、智能化的趋势，其中侵财和暴力违法犯罪占前两位。

一、侵财违法犯罪

据北京高校统计，大学生侵财违法犯罪占大学生违法犯罪案件总数的60%以上。

大学生参与抢劫、诈骗等侵财违法犯罪，侵害目标主要是社会上的人员；大学生参与盗窃违法犯罪，一般侵害目标是学生，而学生宿舍、饭厅和公用教室等处则是盗窃案件的多发地点。大学生也有结伙到其他高校和社会上行窃作案的。2005 年 10 月 26 日，北京服装学院利用技术防范监控设备破获了一起重大盗窃案，作案人为北京 3 所高校的 3 名学生，他们从 2005 年 5 月开始，先后在北京电影学院、北京化工大学、北京服装学院盗窃 9 台投影仪，折合价值 26 万元人民币。

二、暴力违法犯罪

值得注意的是，近年来大学生暴力违法犯罪有增多趋势。据北京高校统计，2008 年至 2010 年，北京高校发生 7 起大学生故意杀人案件，其中 2008 年和 2010 年各发生 2 起，2009 年发生 3 起。

据北京市海淀区高校统计，大学生涉嫌故意伤害、寻衅滋事、聚众斗殴、抢劫、强奸、杀人等带有暴力性犯罪行为的人数近年来逐渐增多。大学生暴力违法犯罪案件的数量仅次于大学生侵财违法犯罪，居第 2 位，但影响和后果十分严重，一些案件的性质极为恶劣。

2004 年 3 月 23 日，云南大学 4 年级学生马加爵，因与同学人际关系不和，残忍地锤杀了 4 名同窗，令世人震惊；同年 6 月 17 日马加爵被执行死刑。

2006 年 4 月 8 日，北京某高校学生吴某将同窗女友掐死后弃尸于地下停车场。

2008 年 10 月 28 日，北京某高校学生手持菜刀在教室将某教授砍死。

2009 年 4 月 17 日，云南丽江一名女大学生与其男友合谋抢劫杀人后，将被害人尸体肢解后抛入护城河内。

2010 年 1 月 2 日，北京某高校一名女生在校外将与自己朝夕相处的女同学杀害。

2010 年 10 月 20 日晚，西安某高校学生药家鑫驾车撞伤一女子后，又将其连刺 8 刀致死，然后逃逸。2011 年 6 月 7 日，药家鑫因故意杀人罪经最高人民法院核准后被执行死刑。

大学生暴力犯罪，不断制造恶性案件，在社会上引起强烈反响。加强对大学生的法制教育和心理健康教育，增强大学生法制意识和抗挫折的能力十分必要。

三、性违法犯罪

近几年来大学生性违法犯罪相对有所减少，但仍然是大学生违法犯罪的主要形式之一。有极少数学生无视法律和社会道德，追求金钱和享乐，实施卖淫嫖娼等违法犯罪行为。2004 年 3 月，北京某著名大学学生汪某、郝某、刘某 3 人酒后来到某歌厅，强行将 2 名女服务员带到一宾馆要与其发生性关系，遭到拒绝后，3 人将 2 名女服务员殴打后强奸。2004 年 9 月，北京某 2 所高校 4 名大学生到朝阳区三里屯酒吧街饮酒后，与 4 名卖淫女进行卖淫嫖娼活动，后与卖淫女之间发生冲突，殴打卖淫女后遭到卖淫女勾来的数名男子殴打，造成严重伤害。2006 年 5 月，北京某高校学生李某到发廊，要求发廊女为其手淫遭拒绝后，购买了菜刀于当晚返回发廊，将该发廊女砍了两刀。

四、高智商违法犯罪

高校极少数学生为了金钱或其他私欲，将自己学到的知识和专业技能运用到违法犯罪之中，其犯罪手段表现出高超性和隐蔽性，给国家和社会造成重大危害。2004 年 9 月 28 日，杭州市中级法院宣判了一起传播淫秽物品牟利案，正在高校就读的大三学生谢某成为浙江省自开展打击淫秽色情网站专项行动以来被判刑的第 1 人。2004 年 9 月 29 日，厦门市法院宣判了全国开展打击淫秽色情网站专项行动破获的第 1 起“黄网”案，案犯竟是刚走出大学校门还没参加工作的邓某某。2004 年 10 月 3 日，湖北省武汉市最大的色情网站“武汉交友俱乐部”案件在武汉市洪山区人民法院进行公开审理，8 名案犯中有 5 人是在读大学生和刚刚毕业还未走上工作岗位的大学生。北京某大学计算机专业的学生利用自己从网上下载的木马黑客软件，在网上搜索到一个 IP 地址，取得计算机信息，非法侵入该系统，盗取了某公司上网账号和密码，不仅自己使用，还在网上销售，给该公司造成巨大经济损失。北京某大学学生刘某，自 2003 年 5 月以来，利用自己创办的网站传播淫秽图片供网民浏览，日均访问量高达 12000 余人次，自己从中非法获利 20000 余元。北京某大学学生李某，从网上盗用计算机世界出版服务公司的网络账号进行上网，盗用网费人民币 2277 元，给该公司造成 7 万元经济损失。

第二节 大学生违法犯罪的原因

大学生违法犯罪的增多，不仅成为一个突出的治安问题，而且已成为一个重要的社会问题，令人痛心和忧虑。

一、大学生违法犯罪的客观因素

（一）社会消极因素的影响

在市场经济条件下，物质利益已经不再被人们视为是“拜金主义”和“思想腐化”的反映，盲目追求物质利益的不良风气刮进了校园，动摇了“象牙塔”内一些学子纯洁上进的思想，使得他们的价值观发生了错位。对物质享受的过分追求、相互攀比的心理诱发和刺激了极少数大学生去进行偷窃、抢劫、诈骗等违法犯罪活动，有的大学生甚至抛弃了个人的基本道德，利用性违法的手段来换取金钱。

社会上一些消极现象，渗透到一些校园当中。享乐主义、个人主义滋长，渲染色情、凶杀、暴力的网站、书刊、音像制品充斥文化市场，封建迷信活动和黄、赌、毒等社会丑恶现象泛滥，娱乐场所的夸张宣传和随意张贴的不良信息小广告危害着青年学生的身心健康，使一些大学生的认知产生偏差。一些网络视频和小说中，宣扬各种传奇色彩的“黑社会”人物，以及有害电子游戏等不良信息的侵袭，对极少数大学生也起着极坏的影响，诱导他们走上违法犯罪的道路。

（二）家庭教育中的负面因素

少数大学生参与违法犯罪是有家庭方面原因的，主要是缺乏正常的家庭教育或由于家庭不适当的教育方法和教养方式对学生造成了不良影响。有的学生父母关系不和甚至离异，使子女没有归属感，缺乏父爱或母爱，心理受到伤害，情绪低落，性格孤僻，思想消极，缺乏上进心；有些父母运用专制的管教模式，奉行“家长”政策，极易造成学生的人格自卑和逆反心理；有的父母重智育而轻视德育，或只注意给学生经济保障，不提醒学生增强法制观念，致使有的学生变得自私孤傲，思想道德滑坡，对集体和同学漠不关心，缺乏抵御违法犯罪影响的能力；还有一种是过度溺爱式的家庭教育，致使有的学生养成了好逸恶劳、贪图享受、自私自利、专横霸道的恶习，一旦个人欲望得不到满足，就寻求歪门邪道，很容易走上违法犯罪的道路。

（三）学校教育管理方面的不足

一些学校还没有实现从“应试教育”到素质教育的根本转变，在办学方向、治学方法上存在一定程度的偏差，学生素质教育的一系列措施未完全真正落到实处；学校心理咨询工作不够得力，满足不了学生对心理咨询的需求；学生安全教育工作还有较大差距，一部分学生法治和安全意识非常淡薄；有的学校缺乏浓厚的文化氛围，一些消极、低级、非法的东西对学生产生潜移默化的影响；对校园网络的管理还存在一些漏洞，网上不良、非法信息对学生的影响和侵害不可低估。

二、大学生参与违法犯罪的主观因素

外因是条件，内因是根据，外因通过内因才能发挥作用。尽管社会、家庭、学校在对大学生教育管理方面都存在一些亟待解决的问题，但是我们不应该忽视极少数大学生参与违法犯罪的主观因素。

（1）人生观、价值观出现偏差。极少数大学生受消极价值观念和社会不良因素影响，其价值取向与主流社会的价值观念背道而驰。他们以金钱、地位、荣誉、享乐为惟一取向，以现实和功利为主要目标，缺乏远大的理想和良好的意志品质，自我控制能力差，面对社会消极影响和周围的不良刺激，他们不能及时进行自我调节和纠正自己的不良心理意识和行为，有的学生甚至发展到惟利是图、私欲膨胀的地步。当强烈的物质占有欲、挥霍享受欲、畸变的性欲、权位欲、支配欲等不良的心理需求得不到满足时，他们就有可能抛弃社会法治、道德修养和纪律的约束，寻求和尝试使用非法的手段牟取私利，走上违法犯罪的道路。

（2）心理脆弱。现代大学生人虽已成年，但心理发育仍不很成熟，自我心理调节能力较差，在复杂的社会竞争环境中，在遇到困难和挫折时，有些学生明显表现出情绪不稳、认识偏激、缺乏理智、易冲动、抗挫折能力差等方面的问题。

有的学生存在冷漠心理，对周围的人与事漠不关心，漠然处之，回避人际交往，自负而偏执，易与他人发生争执和冲突，因一点小事不满，就可能造成纠纷，产生激化，发生严重的违法犯罪行为，完全忽视他人的生命和痛苦。如大学生马某因学校劝其退学，自己认为无法向家长交代，便生歹意，将爸爸和奶奶杀死。大学生郑某因对室友睡觉打呼噜反感引起口角，就持刀杀死2名同学。

有的学生自尊心过强，非常重视别人对自己的评价，但是脆弱的意志控制不了狂暴的激情，在愤怒、震惊、欲望极为强烈的情况下，因心理承受能力差，一时失去理智，产生盲动，实施损人害己行为。如大学生周某毕业后参加就业体检，因3项指标呈阳性不合格，怀疑是政府工作人员从中作梗，竟用尖刀行刺人事部门的干部，造成一死一伤的惨剧。

有的学生存有追求刺激的心理，他们感到生活乏味，空虚无聊，于是便沉溺于网吧，个别学生甚至利用实施犯罪行为来满足自己追求刺激的需要。如某体育学院学生结伙在公园对一对恋人实施抢劫，被抓后供称："其实不缺钱，就是感觉在学校上课没劲，想找点刺激"。

有的学生存有自卑心理，平时有消极、抑郁、悲观失望情绪；缺乏自信，缺乏自我调节能力，解脱不了的时候，便会疑神疑鬼，在他人身上发泄。云南大学学生马加爵制造了惊天大案，而其内心却是十分自卑的。

有的学生嫉妒心理过强，这类学生可能由于在家庭出身、学习成绩、社会关系、爱情感情等方面不如别人，嫉妒心理油然而生，而过度的攀比和嫉妒就会使原本不理性的心理产生过大压力，导致心理扭曲。如果与嫉妒对象产生矛盾纠纷，便将嫉妒升级为报复，就会想方设法谋算陷害别人，更有迁怒于无辜者，甚至不择手段做出违法犯罪的恶性案件。

（3）法制观念淡薄。有的学生称自己参与抢劫的目的是为了寻求刺激，有的学生明知是赃物却贪便宜购买，有的学生非法组织学生卖血，从中牟利。高校中一些学生的法制观念是相当淡薄的。学校虽有法律基础课，但学生普遍不够重视，更谈不上结合自己的实际情况认真地思考和理解。在参与违法犯罪的学生中，纯粹的法盲并不多见，但对法律似懂非懂或弄不清违纪与违法犯罪之间的关系的相当普遍。法制观念淡薄还表现在极少数学生目无法纪、知法犯法甚至以身试法，他们存在侥幸心理，实施违法犯罪行为却幻想能够逃脱法律的追究。

第三节 大学生违规、违纪情况及其原因分析

一、大学生因违规、违纪受处理情况

近年来全国高校大学生违规、违纪比例总体呈上升趋势。据统计，北京市高校 2001 年因违规、违纪受处理的大学生比 2000 年上升 50.7%；2002 年、2003 年与 2001 年基本持平；2004 年又有较大幅度上升，比 2003 年上升了 66%；2005 年比 2004 年上升 0.6%；2006 年比 2005 年上升了 12.5%；2007 年比 2006 年下降了 19.7%，但违纪受处理的学生数仍很多。

北京高校违规、违纪受处理的大学生与在校学生总数之比也在上升。违规、违纪受处理的学生占在校学生总数的比例 2000 年为 0.68%，2001 年为 0.78%，2002 年为 0.73%，2003 年为 0.84%，2004 年为 0.97%，2005 年为 0.91%，2006 年为 0.91%，2007 年为 0.74%。违规、违纪问题已成为影响大学生健康成长的重要因素。

（一）大学生违规、违纪行为的主要表现

（1）考试作弊。考试作弊的学生数占违纪学生总数的首位。据北京高校统计，考试作弊的学生占当年违纪人数的一半以上。并且，作弊手段呈现多样化，参与人员呈现集团化，在一些学生眼里，考试作弊已不再是偷偷摸摸、见不得人的事，而是应对考试的必备“宝典”。

（2）打架斗殴。因参与打架斗殴受处理的学生数占违纪学生总数的第 2 位。据北京高校统计，因参与打架斗殴受处理的学生占违纪学生人数的十分之一。一些学生不正确处理矛盾，纠集老乡、好朋友打群架将矛盾升级，还有的勾结社会人员对同学打击报复，这些学生的行为极易升级为刑事案件。

（3）酗酒滋事。极少数学生酗酒后无法控制自我行为，破坏校园设施，侵犯他人利益，扰乱了学校的正常秩序，受到校纪处理。

（4）道德品行不端。北京高校仍有一些学生因道德品行不端而受到校纪处理。因道德品行不端受校纪处理的学生占违纪学生总数的

比例2001年为4.8%，2002年为6.5%，2003年为2.9%，2004年为2.8%，2005年为2.8%左右，2006年为1.9%，2007年为6.8%。

（5）赌博行为。赌博行为在高校学生中也时有发生，有些学生陷入赌博的泥潭不能自拔而自毁自弃，有的因赌博而诱发其他犯罪。

（6）旷课行为。有的学生学习态度消极，组织纪律性差，随意旷课受到校纪处理。

（7）违反安全管理规定酿成事故。为了保护学校和师生员工生命和财产安全，各高校都先后制定了一些安全管理规定，包括禁止学生在宿舍违规使用电器。少数学生却对学校规定置若罔闻，仍然我行我素，以致引发火灾。

此外，一些学生还因酗酒滋事、伪造证明、小偷小摸、弄虚作假、剽窃学术成果、违反贷款合同等受到校纪处理。

（二）大学生违规、违纪受处理情况

北京高校2001～2007年统计中发现，受警告、严重警告、记过处分的学生占违规、违纪受处理学生总数的72.9%；受留校察看处分的学生占违规、违纪受处理学生总数的20.93%；被勒令退学、开除学籍的学生数占违规、违纪受处理学生总数的5.2%。尽管受严厉校纪处分的学生占的比例较小，但毕竟这些学生因严重违法乱纪受处理而丧失了在学校继续受教育的资格，其教训是沉痛的。

二、大学生违规、违纪原因分析

（一）客观原因

（1）改革开放和市场经济的发展极大地促进了我国经济发展，但同时也带来一些负面效应，一些与中华民族优良传统不相适应的国外文化和价值观念对学生的侵蚀和影响不可低估。

（2）在社会转轨、经济转型时期，社会道德规范在某些方面不同程度地出现模糊、混乱和趋于多元化的现象，原有的社会规范、价值观、行为模式不断受到冲击，新的社会规范、价值观和行为模式尚未完全形成，还不能对社会成员进行有效约束，使得一些人特别是极少数青年学生在社会化过程中迷失方向，致使其越轨行为在数量、规模和强度上都有增加。

（3）面对新形势、新情况，社会、学校和家庭对大学生的法律、道德、思想教育工作还存在着薄弱环节。全社会关心支持大学生的思想教育的合力尚未形成。学校对大学生的思想教育与其思想实际结合不紧，实效性不强；对新生入校的各项培训工作不够全面，造成多数学生对学校的管理规定知之甚少。另外，有的学校在处理违纪学生时习惯“大事化小，小事化了”，既没让违纪学生认识到错误，更没让其他学生引以为戒。

（二）主观原因

大学生违规、违纪，既有社会影响的客观因素，也有学生自身素养的主观因素。

1. 纪律观念薄弱

随着社会的发展和进步，我国各项法律不断健全，各种规范逐步完善，全民法律意识得到增强，依据法律法规制定的高校校规也在不断完善。在这种情况下，大学生更应培养较强的法律和纪律意识，树立牢固的法治观念，成为全社会遵纪守法的楷模。但是，少数大学生不注意自身综合素质的培养，放松或漠视法律、法规的学习，表现为法律知识匮乏，纪律观念薄弱，更有甚者藐视学校的规章制度。因此，一些学生出现不同程度的违法、违规、违纪行为。

2. 道德规范欠缺

在少数大学生中出现不同程度的道德偏失、行为失准是与时代要求相悖逆的。在学生违纪行为中，50%以上是考试作弊，这凸现了大学生存在着“诚信危机”。诚信是中华民族的传统美德，公民的基本道德品格，是参与国际竞争与合作及社会录用人才的道德“通行证”。大学生的诚信道德现状，不仅关系到大学生的自身发展，而且关系到中华民族传统美德的传承，更关系到中国未来社会的发展。

3. 责任意识淡漠

大学生应具备对社会强烈的责任感和崇高的使命感，将来走上工作岗位才能更好地担负起时代所赋予的历史重任。责任意识的培养应从小做起，从点滴做起。大学生在校期间应有意识地培养和锻炼自己的责任意识，只有走出现在自我的小圈圈，才能成就未来国家的大事业。学生违规、违纪的行为，从另一角度也透视着少数学生对社会、学校、家庭和他人缺乏应有的责任意识。

4. 不良心理因素的影响

(1) 虚荣心理。大学生违规违纪行为的产生，究其心理成因，有些是源于虚荣心理。如有些学生在生活消费上相互攀比，追求虚荣，当经济条件满足不了自我消费欲望时，就有可能诱发盗窃、诈骗等侵财行为，轻则违法违纪，重则走上犯罪道路。

(2) 从众心理。一些大学生明知自己的行为是违规、违纪的，但看到周围有同学这样做，为达到自己的目的，也就跟着仿效。

(3) 侥幸心理。有些大学生完全明白自己的违规、违纪行为的危害性和严重后果，但心存侥幸，认为学校和其他人不会发现，或者危害性和严重后果不会发生。

(4) 放纵心理。赌博、酗酒等不良行为对大学生的身心危害是显而易见的，其后果也是不言而喻的。有些学生明知如此，仍放纵自己，沾染上一些恶习并任其发展下去，最后发展到欲罢不能的地步。

(5) 自私心理。有的学生习惯站在自我立场上看问题，不考虑别人的感受，一意孤行，最后造成无法挽回的后果。

第四节 自觉遵纪守法 预防违法犯罪

遵纪守法是国家对公民的基本要求，大学生接受国家高等教育，具有较高素质，应当自觉做到遵纪守法。大学生在生活、工作和学习中，应做到以下几点。

(一) 树立坚定正确的理想信念

理想信念是人类精神的家园、幻想中的乐土。缺乏坚定正确的理想信念，人就会失去精神支柱和前进的动力。当代大学生肩负重任，应树立崇高的理想，正确认识个人与社会、个人与国家之间的关系，努力摆正自我的位置，认真解决人生目的、人生态度、人生价值、人生责任这4个基本问题，自觉抵制各种不良因素的影响。不断完善自我，追求高尚人格，提高综合素质，全面掌握科学文化知识，为将来报效祖国打下坚实的基础。

(二) 系统地学习法律、法规

21世纪是我国法制不断健全、依法治国各项措施得到全面落实的时代，缺乏法律常识，不具备应有的法律意识，任何人都难以适应社会的发展。当代大学生应该较为系统地学习国家常用法律和法规，具有较丰富的法律知识和较强的法律意识，要掌握并运用这些法律知识去处理日常遇到的各种问题。高校为学生所开设的法律基础课以及安全教育课，大学生应认真对待，要结合自己的实际，学好法律，深入理解法律的内涵。要学会运用法律、依靠法律来保护自己，做到知法、懂法、守法，不仅自己不干任何违背法律的事，而且应该与一切违法行为作斗争，维护法律的尊严和良好的社会秩序。

（三）严于律己，牢固树立纪律观念

严格的纪律是高等学校正常办学和改革发展的重要保证，没有纪律和规章，学校的一切工作将无法进行。严格的纪律也是将大学生培养成合格人才的重要手段。缺乏纪律的约束，大学生成才只是一句空话，走向社会将一事无成。大学生应当严于律己，具有较强的纪律观念，自觉地遵守社会公德，维护学校纪律和规章制度，用校纪约束自己的行为，不做违反校纪的事。

（四）注意道德品质修养

具有良好的思想道德修养，是国家对大学生的基本要求，也是大学生远离违法乱纪活动的重要保证。大学生要加强社会公德、职业道德、家庭美德、个人品德修养，弘扬中华传统美德，弘扬时代新风。努力践行公民道德建设实践活动，弘扬真善美、贬斥假恶丑，勇于自觉履行法定义务，不断形成强烈的社会、家庭责任感，坚持培育知荣辱、讲正气、作奉献、促和谐的良好风尚。大学生还应注意政治修养，树立坚定正确的政治方向，在前进的道路上始终保持清醒的头脑，能够经受住各种风险和困难的考验。大学生应坚持不懈用中国特色社会主义理论体系武装头脑，树立实现共产主义的崇高理想信念，坚持全心全意为人民服务的宗旨，努力继承民族精神和时代精神，积极参加爱国主义、集体主义、社会主义教育，丰富精神世界，增强精神力量。倡导富强、民主、文明、和谐，倡导自由、平等、公正、法治，倡导爱国、敬业、诚信、友善，积极培育和践行社会主义核心价值观，努力把自己培养成为国家需要的合格人才。

（五）培养良好的心理素质

良好的心理素质是大学生综合素质不可或缺的重要组成部分，也是避免学生违法乱纪的重要保证。大学生应学习有关保持心理健康的知识，能够运用学到的知识正确认识自己，充分发掘潜力；要学会控制和调节自己，克服遇到的一些心理困扰，培养乐观进取、自信自律、负责守信、友善合群、开拓创新、追求卓越、不畏艰难的健全人格及社会适应能力。

（六）正确处理人际关系

和谐的人际关系能促进大学生良好人格的形成，推动学生文化知识与技能的学习，增强学生身心健康。人际关系好，同学之间就会感情融洽，心情愉快，行动协调；人际关系紧张，则会感到别扭，行为不协调，内耗大，容易产生矛盾和纠纷，会对自己的学习、进步造成消极影响。一旦矛盾激化，当事者处在不冷静、不理智的情况下，就会引发违法违纪行为。个别学生参与违法犯罪活动，就与他们的人际关系紧张有关。大学生应当了解人际交往中的基本规律，学会人际交往的具体方法和艺术，在人际交往中遵纪守法、平等待人、诚实守信、团结互助、与人为善，克服人际交往中的心理障碍和不良认知，在人际间的互相理解、互相帮助、互相信任的基础上建立真挚的友谊，用和谐、友好、积极、亲密的人际关系促进自己的健康成长。

（七）养成良好的学习和生活规律

大学生应该养成良好的学习和生活规律，遵守党校的生活作息时间，早睡早起，按时上下课，加强身体锻炼，积极参加学校组织的各项文化活动。好的生活习惯能帮助大学生全身心投入到健康的大学生活当中。远离泡网吧、玩网游和喝酒聚会等不适宜大学生的生活方式，进而远离违法违纪。

随着大学生综合素质的全面提高，法律、纪律意识的不断增强，社会主义道德观念的牢固树立，违法乱纪现象就能得到有效预防。

第十二章

安全服务指南

第一节　户口管理与服务

一、大学生集体户口的管理与服务

（一）大学生集体户口管理原则

大学生集体户口的管理，实行学籍在校户口统一管理；学生离校（毕业、肄业、退学等）户口按规定迁移，在读期间不得迁移的原则。

根据公安部门的规定，学生入学时可自愿选择是否迁移户口。

（二）在校期间变更民族、姓名的手续

（1）要恢复或变更民族成分，本人应写出恢复、变更民族成分的理由报告，经原籍所在地县以上民族事务委员会及原籍所在地派出所开具证明，并到公证处办理公证手续，经学校主管部门（学生处或研究生院）和所在院、系分别签署同意恢复或变更意见后，最后报所辖公安派出所审批并报上级公安机关同意，方可办理恢复或变更登记手续。

（2）在校学生无特殊原因，现用姓名不予变更。确有特殊原因需变更现用姓名的，由本人写出变更理由报告，经学校主管部门（学生处或研究生院）和所在院、系分别签署同意变更意见，再向所辖公安派出所申报，等上级公安机关审批后，方可办理变更登记手续。

（三）集体户口学生借用《常住人口登记卡》的手续

（1）因办理公证、出国（境）、结婚、计划生育、原籍住房拆迁、原工作单位住房公积金、补办或到期更换身份证等事项，可借用或复印户口卡及首页。

(2) 凡需借用户口卡的学生，应持居民身份证、学生证等证件，如所有证件丢失，则需持院（系）介绍信（证明）到学校户籍管理部门办理借用手续。

(3) 借用的户口卡要妥善保管，按规定日期归还，谨防被盗或遗失。要保持卡片完好、清洁，不得擅自涂改或增减内容，不得折叠、损坏。

(4) 凡将户口卡丢失、损坏者，必须写出书面经过，加盖院（系）公章，到学校户籍部门备案后，按公安机关的有关规定补办。

（四）大学生在校期间出国（境）办理户口事项的手续

(1) 凡出国（境）留学、进修、开会、探亲访友、旅游等，可持有效证件、介绍信办理有关户口借用手续。

(2) 中途退学自费出国（境）的学生，必须将户口转回生源地的公安机关，在当地办理出国手续。

(3) 应届毕业生经批准不参加就业，直接申请自费出国（境）留学的，在本校规定时间内提出申请的，可在学校办理相关手续；超过规定时间的，须将户口迁移回生源地或放置在出国人员服务中心。

二、大学生身份证件的管理与服务

（一）申请换领居民身份证的手续

有下列情况之一者需申请换领身份证。

(1) 迁移户口入校的外地新生须重新换领学校所在省、市的身份证，同时应将原身份证交回公安机关。

(2) 持外省（市）身份证的博士后人员在进站办完上户口手续后，可借用本人户口卡，到所在辖区派出所换领身份证。

申领居民身份证的手续为：按照公安部门的要求，学生集体户口落户后，学校组织集体户口学生统一换领新的居民身份证，原有的旧证上缴公安部门处理。办证学生应缴纳工本费。

（二）补办身份证及临时身份证的手续

(1) 因身份证超过有效期限等原因需要换领身份证的，需持学生证、校园卡或院（系）介绍信，到学校集体户口主管部门借用户口卡并取得介绍信，携带以上证件、证明到所辖区派出所申请换领。

（2）需办理临时身份证的，必须先补办正式身份证，并携带补办证明到指定的地点办理。

（3）身份证丢失，须持学生证、校园卡或院（系）介绍信，到学校集体户口主管部门借用户口卡并取得介绍信，携带以上证件、证明到辖区派出所申请补办。

（三）办理《暂住证》的手续

（1）凡常住户口没有迁移到本市的在校学生（含本科生、专科生、委培生、自费生、进修生、函授生等），无论住宿在校内、校外都要办理《暂住证》。

（2）住学校集体宿舍的学生，由所在院（系）按规定集体办理暂住人口登记手续。

（3）暂住在本市居民或者农民户内的人员，由本人持户主的户口簿或身份证（复印件即可），向暂住地派出所申报暂住登记，申领《暂住证》；户主证件地址与暂住人口实际居住地址不一致的，户主应注明办证人实际居住的详细地址。

（4）暂住在出租房内的人员，由本人持户主（出租、出借房户主）户口本或身份证（复印件即可），向暂住地派出所申报暂住登记，申领《暂住证》；户主证件地址与暂住人口实际居住地址不一致的，户主应注明办证人实际居住的详细地址。

（5）暂住在旅馆业单位的，由店方向当地派出所集体申领《暂住证》。

（6）学生个人到暂住地派出所办理的，还应持以下证件、证明材料。

1）居民身份证或者原籍乡以上人民政府或者公安机关出具的身份证明。

2）本人近期1寸正面免冠照片3张，并交纳工本费。

（四）申领、使用身份证、暂住证注意事项

（1）本人要妥善保管证件，谨防被盗、遗失，不得随意借用、转让。

（2）不得违反规定申报暂住人口登记手续、办理暂住及其变更、注销手续。

（3）不得隐瞒身份、谎报情况、冒名顶替他人申报暂住人口登记办证。

（4）不得伪造、涂改、转借、出卖、使用失效的身份证和暂住证。

（5）有下列行为之一者，由公安机关予以处罚。

1）拒绝公安机关查验居民身份证的。

2）转让、出借居民身份证的。

3）使用他人居民身份证的。

4）故意毁坏他人居民身份证的。

（6）对伪造居民身份证的，将依照《刑法》第280条规定进行处罚。

（五）办理《边境通行证》的手续

（1）我国对边境地区实行严格管理，公民前往边境地区必须事先申办《边境通行证》。目前，我国列入边境管理区的地域包括黑龙江省、新疆维吾尔族自治区、西藏自治区、广西壮族自治区、广东省（深圳市、珠海市）、云南省、甘肃省和内蒙古自治区等省级行政区下属的100多个地区、市、县（自治州、盟、旗）等。

（2）凡居住在非边境管理区、年满16周岁的中国公民（含海外华侨、港澳台同胞）前往边境地区均须办理《边境通行证》。60周岁以上男性公民、55周岁以上女性公民、中国人民解放军和武警部队官兵、人民警察前往深圳、珠海特区可免办《边境通行证》。

（3）学生申领《边境通行证》，一般应持本人有效身份证、学生证和单位介绍信，先到学校保卫部门审核申领《边境管理区通行证申请表》，然后携带该表及本人2张1寸正面免冠照片去有关公安分局办理，立等可取。

（六）办理往来港澳通行证、往来台湾地区通行证的手续

1. 办理《内地居民往来港澳通行证》的手续

申请人持居民身份证、户口卡原件及复印件，提交近期正面免冠彩色照片4张（也可当场照相），到公安出入境管理部门办理。制证时间为10个工作日。由于公安出入境管理部门在受理公民出入境申请时按规定要面见申请人，因此，必须申请人本人到公安出入境管理

部门办理有关手续。

2. 申请办理《大陆居民往来台湾地区通行证》的手续

（1）申请赴台湾探亲、定居、访友、接收和处理财产，处理婚丧及其他私人事务的，须提交：①一张填写完整、贴有近期正面免冠2寸彩色证件照片（光面相纸，淡蓝色或白色背景）的《居民往来台湾地区申请表》；②身份证、户口簿原件及复印件；③有效的“入台许可”证明或经确认能够进入台湾地区的有关证明，并提交复印件。

（2）申请赴台旅游的，须提交：①居民身份证、户口簿原件及A4规格的户口簿首页、本人资料页、变更页和居民身份证的复印件；②一张填写完整、贴有近期正面免冠2寸彩色照片（光面相纸，直边，淡蓝色或白色背景）的《居民往来台湾地区申请表》；③本市具备经营赴台旅游业务资格旅行社出具的有申请人本人姓名的旅游费用发票原件，并提交复印件。

（七）办理个人护照的手续

中国公民准备出国探亲、访友、旅游、留学、定居、就业或从事商务等其他非公务活动，需要申办《中华人民共和国护照》。

（1）携带本人户口簿（集体户口提供户口卡，户口簿需复印首页和本人资料页，有变更项目的需复印变更页）、身份证的原件和复印件（A4规格）到市公安局出入境管理总队或分局（县）出入境接待大厅提交申请，并当面回答有关询问。在校集体户口的大学生，应先到本校保卫部门申请借出本人集体户口卡。

（2）普通护照的有效期为：申请人未满十六周岁的签发五年期护照，十六周岁以上（含）的签发十年期护照。

（3）申请人必须提交填写完整的《中国公民因私出国申请表》，还须提交近期正面免冠2寸彩色照片（光面相纸，白色或淡蓝色背景）一张（也可以当场照相）。

（4）申请成功后，按照《证件申请回执单》上的取证日期，携带本人户口簿或居民身份证和取证回执单，交付200元证件费即可领取护照。

具体办理事宜，可以登录当地公安局网站查询。

第二节　生活安全服务

一、预防传染性疾病

（一）传染性疾病常识

《中华人民共和国传染病防治法》规定了我国境内的37种甲、乙、丙类的传染病，应当引起特别关注的有：传染性非典型肺炎、艾滋病、病毒性肝炎、人感染高致病性禽流感、狂犬病、流行性乙型脑炎、细菌性和阿米巴性痢疾、肺结核病、淋病、梅毒、血吸虫病、流行性感冒等。这些疾病的传染途径概括起来有5种：粪口途径、空气飞沫与密切接触途径、血液途径（注射、手术用血、母婴）、蚊虫叮咬途径、性生活途径。

（二）预防传染性疾病的具体要求

（1）搞好个人卫生，不和他人共用餐具水杯。

（2）搞好环境卫生，消灭蚊蝇蟑鼠，清除环境中的粪便，包括动物粪便。

（3）不到发生流行性传染病的疫区或有关场所去，不接触传染病人，降低被传染的可能。

（4）生病要及时去医院治疗，而且要去卫生部门批准的正规医疗单位诊治。

（5）平时加强体育锻炼，增强体质，提高自身对疾病的免疫力。

（6）与异性交往时，要自爱并养成以洁为好的习惯。

二、预防、救治食物中毒

（一）预防食物中毒的注意事项

（1）选购食物原材料、熟食或方便食品时，要选择符合绿色环保要求，新鲜、无变质、生产厂家信誉好的。

（2）吃海鲜或淡水水产品最好选择鲜活的。

（3）生食的蔬菜、水果在食用前应充分浸泡和清洗消毒；最好不要吃隔顿凉拌菜肴。

（4）食品加工要讲究卫生。用于原料、半成品、成品的食品容器和工具要分开使用，为防止熟食被细菌污染，切生食品和熟食品所用的刀、砧板要分开；原辅料生熟要分开，避免交叉污染。

（5）熟制食品须煮熟煮透，制作完成至食用一般不要超过 2 小时；食物烹调要一洗、二浸、三烫、四炒，扁豆要煮熟焖透；不使用发芽马铃薯、发霉变质粮食等含有有毒、有害物质的原材料制作食品。

（6）饮用安全卫生的水，不喝生水或隔夜茶；瓶罐装饮料开瓶后，最好一次喝完。

（7）冰箱里存放的食物应尽快吃完，冷冻食品进食前要加热，因为不少细菌在冷藏、冷冻条件下不会死亡。因此千万不要以为冰箱是食品保鲜杀菌箱。

（8）对剩饭、剩菜科学存放和食用。剩饭、剩菜最好存放在低温、干燥条件下，常温下保存时间不要过长。

（9）接触直接入口食品前双手应清洗干净，不要面对食品打喷嚏、咳嗽；餐具应做到：一刮、二洗、三冲、四消毒、五保洁；使用保洁条件不好的餐具前，应再清洗一下。

（10）注意食物搭配禁忌。食用搭配不当的食物会对人体造成损害，在安排饮食及饭后水果时应予以注意。

（11）防止老鼠、蟑螂、苍蝇等病菌传播媒介污染食物。

（12）露天野餐时应注意食品防尘，防止食品被动物羽毛、粪便或有毒植物污染。在野外不要随便饮用山泉溪流水，捕食野生昆虫、动物等要十分慎重，不要盲目采食野生植物、蕈类等。

（13）不吃霉变甘蔗、野生蘑菇、假沸豆浆、海产变质鱼类等食物，防止中毒。

（二）食用农药残留超标的蔬菜、水果中毒的解救方法

此类中毒多为有机磷类农药中毒，主要抑制人体中枢神经，其初始症状与夏季中暑的某些反应类似。但此类中毒是急性症状，且中毒者都有不久前食用蔬菜或水果的记录，中毒症状出现的时间及严重程度和毒物侵入人体的量、毒性大小与侵入方式有关。在接触后半小时至 8 小时内出现的症状有：头晕、头疼、恶心、呕吐、四肢发麻无力、视力模糊；中毒较严重者，并发腹痛、腹泻、精神恍惚、言语障碍、瞳孔缩小；更严重者将出现昏迷痉挛、大小便失禁、体温升高、

呼吸麻痹等症状。

专家建议，中毒者及其周围人员首先应镇定，及时请求校医院大夫医疗急救或就近送入医院；在医生未到时，要采取必要的急救措施，迅速将患者移至通风处，松解衣领、裤带；毒物进入肠胃的，可催吐、洗胃；污染眼睛的可用生理盐水冲洗；有毒物接触皮肤的可用肥皂水冲洗。

去医院时，可携带一些中毒者食用剩余的蔬菜、水果或菜肴，以便医生迅速分析、了解毒物的毒性成分，对症施治。

对一般食物中毒者，如果离医疗机构很远，短时间内无法到医院救治，可自行用催吐、洗胃等方法排除体内毒物。

（1）催吐法。用手指、筷子或勺把刺激咽喉部引起呕吐。但对腐蚀性毒物中毒者则不宜催吐，因为容易引起消化道出血或穿孔；对处于休克昏迷状态或患有心脏病、肝硬化等疾病的中毒者也不宜催吐。

（2）洗胃法。神志清醒者，可将大量清水分数次喝下后，用催吐法逐次吐出，初次进水量不超过500mL，反复进行，直至吐出的洗胃水无色无味为止。注意对腐蚀性毒物中毒者不要自行洗胃，对昏迷病人不要洗胃。

三、燃放烟花爆竹安全

燃放烟花爆竹是中国传统的过节和喜庆活动的庆祝方式，但烟花爆竹是危险品，如果施放不当或管理不善，很容易发生火灾、爆炸以及人身伤害事故。北京和全国许多大城市为了城市安全，过去采取禁放措施，后来改为春节实行限放的做法，但同时都采取严格的管理措施。大学生应自觉遵守城市和学校管理规定，确保燃放烟花爆竹的安全。

（1）遵守城市烟花爆竹管理规定和学校烟花爆竹管理办法，不在禁放区域、禁放时间燃放烟花爆竹。

（2）要到政府批准的销售摊点购买烟花爆竹，不购买和燃放政府禁止销售的危险性大的烟花爆竹，不在宿舍存放烟花爆竹。

（3）旅游、探亲自觉遵守飞机、火车、长途汽车管理规定，不携带烟花爆竹。

(4) 燃放烟花爆竹时要远离人群和可燃物，不给周围群众的人身、财产安全造成影响。

(5) 燃放烟花爆竹要注意自身安全，点燃药捻后要迅速离开，爆竹不响时，切勿轻率地捡起查看，防止爆炸伤人。

(6) 燃放烟花爆竹期间发生小的火警、火灾，要积极进行扑救。

(7) 出现自身和他人受伤情况后，要立即到医院治疗处置。

四、预防一氧化碳中毒

(一) 一氧化碳中毒常识

一氧化碳是一种无色、无味的气体，几乎不溶于水。其进入人体后，使血红蛋白丧失携带氧的能力和作用，对全身的组织细胞均有毒害作用，尤其对大脑皮质的影响最为严重。人中毒初期只是表现为头痛，随后会出现头晕、眼花、恶心、心慌、四肢无力、皮肤黏膜出现樱桃红色等症状，严重的会导致昏迷、死亡。有人把它形容为“看不见的魔鬼”。当人们意识到已发生一氧化碳中毒时，往往为时已晚。因为支配人体运动的大脑皮质最先受到麻痹损害，使人无法实现有目的的自主运动。此时，一些中毒者仍有清醒的意识，也想打开门窗逃出，可手脚已不听使唤。所以，一氧化碳中毒者往往无法进行有效的自救。在生活中，使用煤火、炭火（燃气）取暖，洗浴或者长时间在密闭空间吃火锅，在缺乏安全预防措施的情况下在开着空调的汽车里睡觉，是发生一氧化碳中毒（煤气中毒）的主要原因。

新华网北京 2008 年 4 月 25 日报道，北京市 24 日发生一起一氧化碳中毒事件，造成 9 人死亡，1 人受伤。24 日，北京市公安局接群众报警，朝阳区光辉南里小区 5 号楼某房间有多人昏迷。接警后，北京市及朝阳区公安、卫生等相关部门及时赶到现场进行处置。急救车迅速将现场 10 人送往医院进行抢救，其中 9 人经抢救无效死亡。经现场勘察与调查访问，有关部门初步判断造成 9 人死亡的原因是在洗澡过程中较长时间使用室内燃气热水器，导致一氧化碳中毒。这些人员均为外地来京务工女青年，是北京一房地产有限公司员工，事发地为公司所租民房，4 月 21 日刚刚入住。北京市有关部门对 9 名女青年的不幸死亡表示痛惜，同时提醒广大市民，在使用室内燃气热水器时，务必注意开窗通风，保持室内空气流通。呼和浩特市曾发生一起集体中毒事件，19 人因吸入木炭火锅排放出的一氧化碳中毒，尽管这些人很快脱离生命危险，但教训十分深刻。

（二）如何预防一氧化碳中毒

（1）一定要提高预防一氧化碳中毒的意识，千万不可麻痹大意、掉以轻心。

（2）在封闭空间使用煤炭要烧尽，不要闷盖，煤炉要安装烟筒。尤其在冬季阴天或雨雪天气，煤燃烧不完全，加上室外气压低，室内的一氧化碳不易排出。因此，一定要采取安全防范措施，以免发现意外。

（3）使用天然气等热水器时，不要密闭门窗，要保持良好的通风，洗浴时间切勿过长；多人轮流洗浴的，更要注意保持室内空气流通。

（4）使用管道煤气时，要防止管道老化、跑气、漏气。烧煮时防止火焰被扑灭导致煤气溢出。

（5）燃气热水器或煤气、燃煤、燃油设备等不要放置在有人居住的房间或通风不良处，要经常保持室内良好的通风状况。

（6）自动点火的煤气具在连续未点燃时，应稍等片刻，让已流出的煤气发散后再点火；经常注意检查连接煤气具的橡胶管是否松脱、老化、破裂等。

（7）不要在发动机（空调）长时间运转、门窗紧闭的汽车内睡觉；空调车在停驶时开空调切不可将车窗全部关闭；体质较弱者不要在车库、地下停车场、汽车地下通道等地长时间逗留。

（8）火锅店、烧烤店的就餐场所和加工场所都应做好通风换气工作。

（三）一氧化碳中毒的救助方法

（1）进入中毒现场时严禁携带明火，尤其是故意开放煤气自杀的场所，因室内煤气浓度很高，明火或按响门铃、打开室内电灯产生的电火花均可引起爆炸，救助时不可掉以轻心，以防发生意外。

（2）进入室内后，应迅速打开所有通风的门窗。如能发现一氧化碳来源应及时控制，如关闭煤气开关等。

（3）迅速将中毒者背出事故空间，转移到通风、保暖处平卧，解开其衣领及腰带以利其呼吸顺畅；同时呼叫救护车，随时准备送往有高压氧仓的医院抢救。

（4）在等待救护车时，对于昏迷不醒的患者可将其头部偏向一侧，以防呕吐物误吸入肺内导致窒息。为促其清醒可用针刺或指甲掐其人中穴。若其仍无呼吸，则需立即开始口对口人工呼吸。必须注意，对一氧化碳中毒的患者做人工呼吸的效果远不如医院高压氧仓的治疗，因而昏迷较深的患者应尽快送往医院，但在运送途中人工呼吸绝不可停止，以保证大脑的供氧，防止因缺氧造成的脑神经不可逆性坏死。

第三节　旅游安全

一、旅游安全常识

（1）明确不可去的地方。组织者首先明确未开发区、疫区、震区、洪区等地不能去。不能盲目到一些未开发的地区去进行旅游探险。

（2）了解旅游的目的和行程计划。组织者必须让参加旅游人员明确旅游的目的和行动计划，以及每日行程的目的地、到达之后的行动，以保证旅游安全、顺利地进行。

（3）了解所去地区的天气及疫情。出发前了解清楚旅游地的天气和疫情，这样，可以携带必备的衣物、用具以保证参观游览的顺利进行，并做好疾病预防工作，避免染病。

（4）采用团队的方式。同学们外出旅游最好参加旅行社组团的方式。由于所到之处人地两生，有旅游团导游带领，比较安全；发生问题可以由导游与当地的旅游部门联系解决；同时，与旅行社签订有效合同，明确相关的权利和义务，并建议投保旅游人身意外险。

（5）注意旅游交通安全。选择安全可靠的交通工具，不乘用无运输营业资格的交通工具。如果乘大巴出行，切记到加油站不能用手机，更不能打火吸烟。如果骑自行车，必须遵守交通规则。如果以飞机作交通工具，那么，不可带任何刀具；自飞机起飞到降落一定关上手机，系好安全带，不能大声说笑、打闹，一切听机组人员的指挥。

（6）注意住宿安全。旅游途中，每到一处落脚住宿，必须注意防盗、防火，出入必须随手关门；要查看灭火器材放置的位置和消防通道的方向，以防万一。另外，还要注意晚间可能有电话骚扰。

（7）重视饮食安全。每到一处旅游地，都有一些地方小吃，切记“病从口入”，不要随便食用。可以请导游带领去卫生条件好的餐馆品尝。每餐到旅游定点餐馆去就餐，卫生条件比较有保证。

（8）要了解当地的风土人情。去少数民族地区，要尊重少数民族的习俗，务必请导游介绍当地的风土民情，以及语言、行为、购物、饮食等方面的忌讳，以免发生不必要的问题与麻烦。

（9）熟悉联系的方式方法。旅游参观行动以团队整体为最好，不可单独行动；不方便的话，可以三五人一组，约好集合的时间、地点。每人的手机号必须给领队，以便集合找人。

（10）参加漂流、探险、蹦极、缆车、过山车等危险性较大的旅游项目时，应严格遵守有关的安全事项（含安全提示和警示）。

（11）选择自助旅游时，除了上述涉及旅游安全的有关事项外，还应记住：雨季时，切忌前往有危岩等崩塌危险的地段；旅游途中，不能在凹形陡坡，危岩突出的地方避雨、休息或穿行，不能攀登危岩；海边戏水时，请勿超越安全警戒线等，从而确保每位参加旅游学生的人身安全。

二、旅游出行前的物质准备

旅游出行在物质上要有充分的准备。俗话说，在家千日好，出门一时难。

（1）要根据所去目的地的季节、气候带好个人更换的衣物、鞋袜，带好个人的洗漱用具。

（2）除了本身正在用的药品外，还要带些治疗肠胃、感冒的药和治疗外伤的药（碘酒、消炎粉、创可贴）。

（3）带好旅游团队用的标志旗、旅游帽，以便行路、集合时大家好认标识。

（4）带上指南针、移动电话和移动电源，便于辨别方向，确保通信联络畅通。

（5）无论组团或非组团旅游，都要带好身份证、学生证等。

三、旅游突发疾病简易急救法

（1）晕厥。劳累、中暑、饥饿等原因，可令人突然昏倒，不省人事。此时可用拇指捏压患者的合谷穴（虎口中）持续几分钟，可望苏醒。

（2）吐血。用中指按压内关穴（位于掌横纹上2寸处，桡侧腕屈肌腱与掌长肌腱之间）约1min，至有酸胀感为度，可望止住吐血。病情缓解后，应尽快去医院诊疗。

（3）心绞痛。当心绞痛发作且一时无法找到硝酸甘油片等药物缓解时，周围人可用拇指掐患者中指甲根部，让其有明显痛感，亦可一压一放，持续几分钟，并应急送医院。

（4）鼻衄。偶然发生鼻出血，可迅速掐捏足跟（踝关节与跟骨之间凹陷处）止血，左鼻孔出血掐捏右足跟，右鼻孔出血掐捏左足跟。

（5）胃痛。胃痛时，用双手拇指揉患者的双腿足三里穴（位于膝下三寸，胫骨外侧一横指处），待有酸麻胀感后持续几分钟，胃痛可明显减轻或消失。

（6）抽筋。腿或脚部抽筋时，可立即用拇指和食指捏住上嘴唇的人中穴，持续用力捏几十秒钟后，抽筋的肌肉就可松弛，疼痛也随之缓解。

四、旅游登山安全

从事登山活动，必须具备体力、装备、知识3大要素；同时，登山还是一项需组织严密、精心准备的集体活动，一定要有组织、有准备地进行。

过去几年间，大学生登山屡屡发生事故。据统计，从1995年至今，在我国业余高山探险活动中已有近30人不幸遇难（其中有不少高校学生），总数已超过了自1955年以来新中国开展登山运动专业登山遇难人数的总和。如2005年7月3日，3名来自北京大学和清华大学的学生在贵州省六枝县登山时发生事故，其中1名清华大学大三学生坠崖身亡。近年来还发生了多起涉及大学生群体的旅游安全事件，如《18名上海大学生黄山遇险，24岁民警护送途中牺牲》《北京理工大学30余学生登山被困，警方300余人和2架直升机营救》等，引起社会广泛关注。

旅游登山应注意以下几点。

(1) 出行前规划好旅游线路，充分了解交通路况，进入山区应注意塌方落石与路基塌陷。

(2) 登山前应了解自己的健康状况，随身携带药物；有高山反应及身体不适者，勿勉强上山。

(3) 特别要注意选择合适的登山服装；尽量轻装上山，少带杂物，以减轻负荷；要穿旅游鞋和布鞋，勿穿高跟鞋，以免造成登山不便和有碍安全；要准备好互相联系以及与外界联系的通信工具；如借助拐杖，要注意选择长短、轻重合适与结实的拐杖。

(4) 活动前或进入山区后，应随时注意气象资料及变化。遇雨时在山上不可用雨伞而要用雨披，这是为避雷电并防止山上风大连人带伞给兜跑。雷雨天不要使用手机。

(5) 要做到观景不走路，走路不观景；照相时要选择能保障安全的地点和角度，尤其更要注意岩石有无风化。

(6) 登山队伍不可拉得太长，应经常保持前后呼应。迷路时应折回原路，或寻找避难处静待救援，以减少体力的消耗。

(7) 上山后注意林区防火，沿途不能吸烟。

(8) 爱护自然环境，不破坏景观资源，维护环境整洁，不任意丢弃垃圾。

第四节 报 警 求 助

发现刑事、治安案（事）件以及危及公共与人身财产安全、工作学习与生活秩序的案（事）件时，及时报警是每一个大学生的义务。当学生遭遇各种侵犯、伤害或危险时，以及水、电、气、热等公共设施出现险情时，务必设法及时报警求助。要树立有危险和困难找人民警察，有突发疾病找120急救的意识。

一、遇暴力侵害的报警求助、自救原则

(1) 处理好安全性和及时性的关系。首先确保生命安全，其次设法及时报警。千万不要激怒违法犯罪分子。由于非法侵害具有暴力性，违法犯罪分子随时可能危害被侵害者的生命，此时报警求助，一定要在能够确保自身安全不会因报警而增加危险性的情况下进行，注意避开违法犯罪分子。

（2）遇险不慌，灵活应变，寻机自救。遭遇绑架、拐卖、非法拘禁、非法扣押等侵犯时，不要惊慌失措，应冷静机智周旋，然后寻机脱离险境。逃脱后应立即向警方报案，提供犯罪嫌疑人的有关情况。

二、发生非暴力性侵犯财产案件（如偷窃、诈骗、敲诈勒索等）**的报警方法**

案件发生后，受害人可以先口头报案，然后根据警察的要求在案发现场或者指定地点接受警察的案情询问。也可以准备一份详细的书面材料，到案件发生地的派出所或者刑警队报案。书面材料中应包括：受害人的基本资料，侵害行为发生的具体情况，侵害行为人的具体情况（人数、姓名、性别、侵害手段、体貌特征）等。同时，注意妥善保护涉案现场和证据。

三、报警求助注意事项

（1）认真保护好现场和证据。要根据不同的案件情况确定初步保护的现场范围、人证、物证，以便在处警人员到达时，能够为其提供尽可能多的线索。需要提醒的是，当女性遭遇性侵犯类案件时，切不可因为一时的疏忽而毁坏了重要的证据。

（2）要保持联络的畅通。事主使用固定电话打完报警求助电话后，要在报警电话旁多等候一会儿，以备接警人员回电话询问有关情况；使用移动电话打过报警求助电话后，务必使手机保持待机状态。

（3）要牢记各种报警求助电话，灵活选择报警求助方式。常用的报警求助电话有：公安报警服务 110、火警 119、交通事故报警 122、急救中心报警求助 120 和 999。可以选择的报警方式包括本人就近直接报警、电话报警、委托他人协助报警、向巡逻车或巡逻民警报警等。110、119、122、120 和 999 等报警求助电话免收电话费，投币、磁卡等公用电话均可直接拨打。

四、遭遇其他危险的求助报警方法

(一) 野外遇险的求助报警方法

(1) 呼喊求救。在距离道路或有人居住、活动的地方比较近的情况下，遇险者可以大声呼喊求救，直接喊“救命”；呼救时注意有间歇，以便听清对方回应；同时要注意保护嗓子，防止嗓子受伤失音。

(2) 手机或无线对讲机报警。用手机拨通110，你可以尽快得到帮助。用手机拨打110，不用拨所在地区号，电话接通后要向接警人员报告姓名、遇险情况和人数等；要讲清有无伤亡和需要什么样的帮助；要尽量准确地描述出自己所处位置，如果迷失方向，应尽量描述出附近的景观特征。报警后，要在原地等待救援，不要随便移动位置，当然，前提是你所处的位置比较安全。要保持手机一直处于开机状态，以便救援人员随时与你保持联络。如果同行者中同时有几部手机，应只开一部，其他手机关机节省电能。当报警专用手机电池耗尽时，可以将手机卡换入其他手机继续等待。如果所处位置没有手机信号，要尽量往高处移动，山顶的信号往往比山脚的信号要强。一部手机在野外遇险时往往会起到救命的作用，所以出行时一定要携带，并事先充足电，最好带上备用电池。

另外，如果携带了无线对讲机，可以灵活使用其向他人求助。

(3) 烟火报警。如果没有现代通信工具，可以采用浓烟、火光作为求救信号。点火地点应尽量选择开阔、近水的地方。为使烟火效果更加明显，白天可在火堆上放些苔藓、青嫩植物、橡胶物品等以便产生浓烟；晚上可多放些干柴，使火烧旺。燃放3堆火焰是国际通行的求救信号，将可燃物堆摆成三角形，每堆之间的间隔相等最为理想，这样安排也方便点燃。如果可燃物稀缺或者自己行动不便，点燃一堆也行。可燃物不易点燃时，可以利用油类、酒精或高度白酒等作为助燃物，但不可将助燃物直接倾倒于火堆上，要用一些布料在助燃物中浸泡，然后放在燃料堆上，先将助燃物移至安全地点后再点火。要尽量搜集到较多的可燃物，保证火堆持续燃烧。但在禁止使用明火的地区，这种方法要慎用。

(4) 哨声求救。当救助者离得不是特别远时，可以用哨子求救，哨声能传得很远，也利于节省体力。

(5) 反光信号求救。有阳光时，可以用反光信号求救。反光材料可以用镜子、金属罐头盒盖、玻璃片等。进行反光时不要拿着反光材料不动，要对准远处的人或者建筑物窗口轻微晃动，动态的信号更能引起注意。

（二）突发疾病的报警求助

(1) 电话求助是首选的方法。全国统一的急救免费求助电话是120。无论固定电话还是手机，均不用加拨区号，直接拨 120 号码，包括各种公用电话，不需插卡或投币都可直接拨打。电话接通后，要详细讲清病人情况、事发地点，并留下求助人的联系方式；如果事发地点是你所不熟悉的，要尽量描述周围标志性建筑物或景物。求助后应有人在距事发地点最近的路口、车站或标志性建筑物附近接应救护车，见到救护车要招手致意，并引导救护车前往事发地点。北京地区还可以拨打 999 号码，这是 999 急救中心电话，也可直接拨打 110 求助电话，民警会根据需要帮助进行转接。

(2) 在校内突发疾病，求助于周围同学、老师是比较直接的方法。大家可以合力将病人送往最近的医院进行救治。但这只局限于一般外伤或病因明确且适宜搬动的病人，多发性骨折、心脏病等不宜搬动的病人，必须等待医生或救护车前来救援。

(3) 目前，许多大学已经建立了“校园 110”报警救助系统，该系统配备了专门的人员和车辆、设备等，所以在校园内发现突发疾病者可拨打“校园 110”进行求助。还有些大学里设有自动报警求助设施，也可利用其报警求助。

第五节 大学生人身保险知识

一、与大学生关系密切的保险种类简介

（一）北京市学生大病医疗保险

为妥善解决无公费医疗保障学生的基本医疗问题，北京市政府、北京市劳动和社会保障局制定了《关于实施本市学生儿童大病医疗保险制度》，并于 2007 年 9 月实施。为使大学生能够更好地了解有关

内容，特做如下介绍。

（1）参保范围：凡具有本市非农业户籍，且在本市行政区域内的各类普通高等院校（全日制学历教育）就读的非公费医疗学生。

（2）参保方式：符合条件的非公费医疗学生，按有关部门要求，在规定时间持本人的户口簿（卡）在学校办理大病医疗保险的参保缴费手续，按缴费标准一次性缴纳大病医疗保险费，选择定点医疗机构，领取《北京市学生儿童大病医疗保险手册》。

（3）缴费标准：学生大病医疗保险筹资标准为每人每年（按学年）100 元，其中个人缴纳 50 元、财政补助 50 元。

（4）保障待遇：

1）学生大病医疗保险主要用于支付住院医疗费用，以及恶性肿瘤放射治疗和化学治疗、肾透析、肾移植后服抗排异药、血友病、再生障碍性贫血的门诊医疗费用。

2）学生大病医疗保险基金的起付标准为 650 元。起付标准以上部分由学生大病医疗保险基金支付 70%，在一个医疗保险年度内累计支付的最高数额为 17 万元。

3）无医疗保障学生大病医疗保险基金的支付范围，应符合本市规定的基本医疗保险药品目录、诊疗项目目录、医疗服务设施范围及基本医疗保险相关规定。

（5）学生大病医疗保险基金不予支付的医疗费用：

1）在非本人定点医疗机构就诊的，但急诊住院除外。

2）因交通事故、医疗事故或者其他责任事故造成伤害的。

3）因本人吸毒、打架斗殴或者因其他违法行为造成伤害的。

4）因自杀、自残、酗酒等原因进行治疗的。

5）在国外或者香港、澳门特别行政区以及台湾地区治疗的。

6）按照国家和本市规定应当由个人负担的。

（6）其他注意事项：

1）学生大病医疗保险以每年 9 月 1 日至次年 8 月 31 日为大病医疗保险年度。从缴费当年的 9 月 1 日起享受大病医疗保险待遇。参保人员超过办理参保缴费期限的，不再办理当学年的参保缴费手续。

2）患病时须持本人《北京市学生儿童大病医疗保险手册》到选定的定点医疗机构就医。因患急症不能到本人选定的定点医疗机构就医时，可在就近定点医疗机构急诊住院治疗，待病情稳定后应及时转回本人的定点医疗机构住院治疗。

这一险种，是北京市政府为贯彻落实党的十六届六中全会《关于构建社会主义和谐社会若干重大问题的决定》精神，建立的妥善解决城镇居民中无医疗保障的学生等大病医疗问题的保险制度；是作为政府组织的个人参保缴费、政府适当补助、互助共济、多方筹资的基本医疗保障制度，具有保障高、缴费低的特点，非常适合在校大学生投保。

（二）学生平安保险（以下简称“学平险”）

1. 投保范围

在学校注册，身体健康，能正常学习和生活的大学生。

2. 保险责任

在保险责任有效期间内，被保险人因疾病或意外伤害死亡的，保险公司按合同条款给付死亡保险金；被保险人因遭受意外伤害造成身体残疾的，保险公司按中国人民银行 1998 年制定的《人身保险残疾程度与保险金给付比例表》的规定给付残疾保险金；被保险人因意外事故下落不明，经人民法院宣告死亡的按保险金额给付死亡保险金。

（三）“学平险”附加意外伤害医疗保险

1. 保险合同的构成

“学平险”附加意外伤害医疗保险是学生平安保险合同（以下简称主合同）的附加合同，由保险单及所附条款、批注，附贴批单，投保单，与本合同有关的投保文件、声明，其他书面协议构成。本合同未约定事项，以主合同为准。主合同效力终止，本合同效力亦同时终止。主合同无效，本合同亦无效。主合同与本合同相抵触的，以本合同为准。

2. 保险责任

在保险责任有效期间内，被保险人遭受意外伤害而诊疗，保险公司依下列约定给付保险金。

(1) 被保险人在县级以上（含县级）医院或者保险公司认可的医疗机构诊疗所支出的、符合当地社会医疗保险主管部门规定可报销的医疗费用，保险公司扣除人民币50元免赔额后，在保险金额范围内，按80%的比例给付医疗保险金。

(2) 保险期届满被保险人治疗仍未结束的，保险公司所负给付保险金的责任期限，自保险期满次日起计算，门诊治疗者以15日为限；住院治疗者至出院之日止，最长以90日为限。

(3) 保险公司所负给付保险金的责任以保险金额为限，对被保险人1次或者累计给付的保险金达到其保险金额时，本合同对该被保险人的保险责任终止。

(四)“学平险”附加住院医疗保险

1. 保险合同的构成

“学平险”附加住院医疗保险是中国人寿保险股份有限公司学生平安保险合同（以下简称主合同）的附加合同，由保险单及所附条款、批注，附贴批单，投保单，与本合同有关的投保文件、声明，其他书面协议构成。本合同未约定事项，以主合同为准。主合同效力终止，本合同效力亦同时终止；主合同无效，本合同亦无效。主合同与本合同相抵触的，以本合同为准。

2. 保险责任

在本合同保险责任有效期间内，被保险人遭受意外伤害或者自本合同生效之日起90日后因疾病住院治疗（及时续保者不受90日规定的限制），保险公司依下列约定给付保险金：

(1) 被保险人在县级以上（含县级）医院或者保险公司认可的医疗机构住院诊疗所支出的、符合当地社会医疗保险主管部门规定可报销的医疗费用，超过人民币100元以上部分，保险公司在保险金额范围内，按规定分级累进，按比例给付医疗保险金。

(2) 保险期间届满被保险人治疗仍未结束的，保险公司所负给付保险金的期限，自保险期满次日起，至出院之日止，最长以90日为限。

(3) 保险公司所负给付保险金的责任以保险金额为限，对被保险人 1 次或者累计给付的保险金达到其保险金额时，保险合同对该被保险人的保险责任终止。

以上介绍的险种，具有保费低、保障高的特点，非常适合在校大学生投保。以年缴保费 50 元，投保“学生平安保险”并“附加意外伤害医疗保险”“附加住院医疗保险”为例，一年内可获得平安保险 12000 元、附加意外伤害医疗保险 8000 元、附加住院医疗保险 60000 元，共计 80000 元的总保额。

二、保险的投保与索赔

（一）保险的投保

1. 投保前的工作

投保前要做好咨询、分析，根据自己的实际情况选择可靠的保险公司及合适的险种。在咨询了解时，可通过计算机网络从保险网站上查看，可向保险专业的教师请教，也可以找保险代理人咨询，至少要了解清楚以下情况：

（1）所要投保的保险公司的经营资质、规模、保险代理人身份的相关证明以及该保险产品的销售量、服务质量等情况。

（2）所要投保的保险产品的投保条件、保险责任、保险期限、保险费与保险金额及保险费缴费方式。

（3）所要投保的保险产品有哪些不保项目，即保险责任免除的相关条款等。

2. 投保书的填写

投保人在仔细了解了各项保险条款内容后，按照以下注意事项填写投保书并签收。

（1）投保书要亲自填写，并应如实填写各项内容，确保填写的资料完整、内容真实。若投保人在投保书中填写不实或隐瞒真实情况，一经查证属实，则根据《保险法》规定，保险公司有权解除保险合同，投保人的权益不能得到保障。

（2）投保人填写投保书时，字迹要工整清楚，切勿潦草或涂改。保险公司在投保书中设计的各项栏目，投保人均应用明确的文字正面予以答复，不要留出空白。投保书上，投保人及被保险人都要亲自签字或盖章，保险公司要加盖公章，否则投保合同无效。

（3）指定受益人时，需要由被保险人认可，并明确写出姓名。如未填写，则以法定继承人为序。

3. 投保书及保险费凭证的保管

投保书填写完成后，应再仔细审阅保险合同的客户信息是否正确，如有错误应及时提出、更改。当支付保险费后，应当场索取保险费收费凭证，投保书及保险费凭证均应妥善保管，以作为出险索赔的依据。

（二）保险的索赔

投保的大学生应当掌握必要的保险知识，了解索赔流程、手续和时间限制，一旦出险，应及时索赔。保险的索赔，一般由被保险人或者其指定受益人（或法定继承人）直接向保险公司报案，直接索赔；有的学校是学生必须通过学校办理索赔。投保的学生一定要保留好门诊手册及相关医疗票据，在规定时限内报告学校有关部门。

第六节　急救知识

一、掌握急救知识的重要性

生活中，突发的意外伤害、心脑病发作、中暑、中毒、运动损伤等都可能导致人痛苦难受、身体出血，丧失活动能力或昏迷不醒等。如果得不到正确的救治，患者的病情可能会进一步加重，甚至死亡。突发疾病对人的危害性极大，如果你自己或身边的同学、亲友缺乏紧急救护知识，束手无策，就可能延误病情，导致更为严重的后果。在拨打了急救电话等待医生到来之前，采取积极、正确的应对措施，完全可以使事态向有利于患者的方向发展，挽救患者的生命。因此，我们有必要了解、掌握一些医疗急救知识。

二、常用急救知识

（一）心跳骤停（猝死）的急救

心跳骤停在医学上又称猝死。在成人发生的全部猝死中，心源性猝死占80%以上。猝死可能发生在任何年龄。猝死发生后，争取急救时间和采取正确的抢救措施是挽救患者生命的关键。猝死的临床特征主要是突发意识丧失，大动脉搏动消失，在20～30s的叹息样呼吸后呼吸停止。猝死发生前可能胸疼、气急，也可毫无预兆就突然发生。

猝死发生后，如果在几分钟内没有获得有效的治疗干预，患者大脑就会出现不可逆的损害，时间过长人就死亡了。对于发生于健康成人的猝死，特别是无基础心脏病的心源性猝死，若救治及时，部分患者可存活。如发现有人出现猝死情况，应立即拨打 120 急救中心电话，同时迅速请校医院大夫现场处置。对发生猝死的人施行心肺复苏抢救方式时，抢救前，施救者首先要确保现场安全，确定病人呼吸、脉搏确实停止，其次施救者要具有心肺复苏抢救的知识和技能，有条件时，最好请专业人员操作，千万不要随便搬动病人。运送病人去医院必须使用急救车，不要使用出租车或其他车辆。

（二）急性心肌梗死的急救原则

专家提示，如高度怀疑患者发生急性心肌梗死，一定要立即呼叫 120 急救车，因为急救车不仅运输速度快，而且配备了专业救护人员。他们到达现场后，可以迅速判断患者的病情，做出初步诊断，还会对病人进行一系列检查，一旦确诊为急性心肌梗死，立即会给予相应的紧急处理，妥善安排患者去医院。路途中，医护人员会通知有关医院进行救治准备。另外，若病情发生变化，还可在车上进行抢救治疗。切记，对于高度可疑急性心肌梗死的患者，一定要呼叫急救车护送，尽量不要用其他车辆运送。

（三）心脏病急救

当病人心脏病突发征兆出现时，应抓紧时间拨打急救电话，或者向周围人求助。心脏病患者应随身携带急救药物，或者可以迅速吞服一片阿司匹林，因为该药物有溶解血块的作用。

（四）休克的急救措施

（1）使休克患者平卧，下肢应略抬高，以利于静脉血回流。如有呼吸困难可将其头部和躯干抬高一点，以利于呼吸。

（2）保持其呼吸道通畅，尤其对处于昏迷状态者。方法是将患者颈部垫高，下颌抬起，使头部最大限度地后仰，同时使其头偏向一侧，以防呕吐物和分泌物误吸入呼吸道。

（3）注意给体温过低的休克患者保暖，盖上被子、毛毯等。但对伴有高烧的感染性休克病人应给予降温。

（4）必要的初步治疗。可请校医院大夫对因创伤骨折所致的休克患者给予止痛，骨折固定；对烦躁不安者可适当注射镇静剂；对心源性休克患者给予吸氧等。

（5）注意妥善运送。患者发病地点抢救条件有限的，应尽快送医院抢救。对休克患者的搬运宜轻宜少。在运送途中，应有专人护理，最好在运送中给病人采取吸氧和静脉输液等急救措施。

（五）进行人工呼吸的方法

人工呼吸通常采用口对口方式，如不能经病人的口，可通过鼻（口对鼻），两者都能取得满意的通气效果。口对口人工呼吸方法如下：

（1）使病人处于仰卧位（脸朝上），解开其衣领，清除口咽部一切异物和分泌物。如有假牙应取出，以免妨碍疏通气道。

（2）抢救者用一只手掌按于病人前额，并以食指与中指捏紧病人鼻翼两侧，另一手食指与中指抬起病人下颌，深吸一口气，用口对准病人的口吹一口气，吹气停止后放松鼻孔，让病人从鼻孔呼气，再进行下一次吹气，反复进行，每分钟 20 次左右。

（3）向病人口中吹气时，眼睛注意病人胸部，直到胸部隆起达最大限度为止。

（六）抢救溺水者的方法

（1）将溺水者救出水面后，应立即清除其口、鼻腔内的泥水及污物，用纱布或其他纺织物裹着手指将伤员舌头拉出口外，解开其衣扣、领口，以保持呼吸道通畅；然后抱起溺水者的腰腹部，使其背朝上、头下垂进行控水。或者抱起溺水者双腿，将其腹部放在急救者肩上，快步奔跑使积水倒出。或急救者取半跪位，将溺水者的腹部放在急救者腿上，使其头部下垂，并用手平压背部进行控水。不要一味强调控水，最好不要采取倒立位的救护方式，否则会对溺水者造成伤害。

（2）对呼吸停止者应立即进行人工呼吸，一般以口对口吹气为最佳。急救者位于溺水者一侧，托起溺水者下颌，捏住溺水者鼻孔，深吸一口气后，往溺水者嘴里缓缓吹气，待其胸廓稍有抬起时，放松其鼻孔，并用一手压其胸部以助呼气。反复并有节律地（每分钟吹20次左右）进行，直至其恢复呼吸为止。

(3) 注意给溺水者保暖，如果溺水者清醒了，可让其饮用一些热的饮料。

（七）烧烫伤的急救原则与方法

1. 烧烫伤后的急救原则

迅速消除致伤因素，尽快脱离事故现场，适当进行现场急救，及时到医院治疗。

(1) 烧烫伤的致伤因素是“热”，所以应迅速脱离或消灭热源。包括尽快脱去着火或被热液浸渍的衣裤；用水将火浇灭，或跳入附近的水池、沟河内灭火；或者迅速卧倒，慢慢在地上打滚，压灭火焰。如果是在封闭的火灾现场里，要尽快设法脱离火海。

(2) 烧烫伤后冷疗非常重要，冷疗进行得越早效果越好。可将烧伤创面在自来水龙头下冲洗或浸于冷水中，或用冷（冰）水浸湿的毛巾等敷于创面，时间一般掌握在0.5～1h。化学烧伤兼有创伤和化学中毒的可能，冲洗时水要多，时间要长，力求彻底清洗掉有毒物质。

(3) 为防止感染，烧烫伤创面可以用些药物。但不要将酱油、牙膏等涂到创面上，这些东西非但不能起到保护创面的作用，还有可能引起感染。如果创面较脏，可用清洁水冲洗后适当涂抹金霉素眼药膏等，并及时到医院作进一步处理。创面应避免应用易使组织染色的药物，如紫药水、红汞等，以免影响医生对烧伤深度的判断。

(4) 对严重的烧烫伤患者，在适当进行现场急救后，应及时送到专科医院治疗。

2. 化学烧伤紧急处理方法

立即用大量清水冲洗创面；强碱烧伤用大量清水或1%～2%醋酸冲洗创面；生石灰烧伤应先去净石灰粉粒后，再用大量清水冲洗，千万不要将沾有大量石灰粉的伤部直接泡在水中，以免石灰遇水生热加重伤势；磷烧伤最好浸泡在流水中冲洗，除去磷颗粒，创面用湿纱布包扎或暴露创面，忌用油质敷料或药膏。

3. 烧烫伤自救、互救的注意事项

（1）衣服着火时禁止站立或奔跑呼叫，以防增加头面部烧伤或引起吸入性损伤；在通气不良的火灾现场不要大声喊叫或深呼吸，要用浸湿的毛巾捂住口鼻，迅速离开现场，以免发生吸入性损伤和窒息。

（2）人身体触电烧伤时应立即切断电源，在未切断电源以前，急救者千万不要赤手接触伤员，以免自身触电。

（3）被液体烫伤后，立即剪去被浸湿的衣服，如某处衣服与皮肉粘合在一起，不要强行撕扯，应先剪去未粘连部分，暂留粘连部分。注意剪刀不要碰到伤口、水泡，不要涂紫药水，红药水等药物，以免影响医生对创面的观察。

（4）手足烧伤的，包扎时应将各指（趾）分开，以防粘连。

（5）伤员缺水时可多次少量口服淡盐水、盐茶水，或喝烧伤饮料。大面积烧伤（超40%）有呕吐者，在24h内禁食，口渴时可用少量水湿润口腔。

（八）狂犬病及被狗、猫抓、咬伤后的救治方法

（1）狂犬病病毒主要存在动物的唾液里，且含量最高。狂犬病病毒的毒力非常强，一旦进入人体内发病，主要侵害大脑和神经组织，导致中枢神经衰竭，爆发后几乎无法抢救，死亡率相当高，一旦发病几乎就是100%的死亡。但是狂犬病发病率很低，狂犬病在人与人之间不会传染。注意并非只有患狂犬病的动物带有病毒，貌似健康的狗和猫也可能带有狂犬病病毒。

（2）一旦被狗和猫抓伤、咬伤，重要的是做好现场急救工作。凡遭狗和猫咬伤，不管是疯狗、病猫还是正常的狗和猫，先要挤出污血，用3%～5%的肥皂水反复冲洗伤口，然后用清水冲洗至少20min，涂擦75%的酒精或者2%～5%的碘酒。立即到医院进一步治疗，并在24h内到防疫站注射预防狂犬病疫苗和抗狂犬病血清。

（九）被蛇咬伤后的救治方法

大学生在校区或出外旅游时很可能碰见蛇，发生被蛇咬伤的情况。如果被毒蛇咬伤，救治不及时、恰当，很可能发生生命

危险。

发生被蛇咬伤的情况后，伤者或周围同学应立即拨打120急救电话，同时尽快让伤者躺下，用清水或肥皂水清洗伤口后再进行包扎。要使伤者被蛇咬的部位的高度低于心脏。如果在野外偏僻地方被蛇咬伤，急救车难于驶入事发地区，周围同学在实行上述救治措施后，应立即设法将伤者就近送到医院。如打死或捉住咬伤人的蛇，应一并送往医院交大夫化验，尽快解毒。

附　　录

附录A　普通高等学校学生安全教育及管理暂行规定

教学［1992］7号

（国家教育委员会1992年4月15日发布）

第一章　总　　则

第一条　为了加强高等学校管理，维护正常的教学和生活秩序，保障学生人身和财物的安全，促进身心健康发展，特制定本暂行规定。

第二条　高等学校学生安全教育及管理的主要任务是，宣传、贯彻国家有关安全管理工作的方针、政策、法律、法规，对学生实施安全教育及管理，妥善处理各类安全事故，引导学生健康成长。

第三条　高等学校学生安全教育及管理，要以预防为主，本着保护学生、教育先行、明确责任、教管结合、实事求是、妥善处理的原则，做好教育、管理和处理工作。

第四条　本暂行规定所称学生指在普通高等学校学习取得学籍的全日制学生，即按国家任务、用人单位委托培养、自费三种计划形式录取的学生。

第二章　安 全 教 育

第五条　高等学校应将对学生进行安全教育作为一项经常性工作，列入学校工作的重要议事日程，加强领导。学校各部门和有关群众团体或组织要相互配合，积极开展安全教育，普及安全知识。增强学生的安全意识和法制观念，提高防范能力。

第六条　学生安全教育应根据不同专业及青年学生的特点，从学生入学到毕业，在各种教学活动和日常生活中，特别是节假日前适时进行，并善于利用发生的安全事故教育学生，防患于未然。

学校应根据环境、季节及有关规律进行防盗、防火、防特、防病、防事故等方面的教育，并使之经常化、制度化。

第七条　高等学校对学生进行安全教育须注重心理疏导，加强思想政治工作，教育学生注意保持健康的心理状态，帮助学生克服各种原因造成的心理障碍，把事故消除在萌芽状态。

第三章　安全管理

第八条　高等学校要做好学生日常安全管理工作，加强安全防范，建立和健全规章制度，严格管理。学校要把安全教育及管理工作纳入领导任期的责任目标，落实到年级、班主任。学校应由一名校领导主要负责。

第九条　高等学校应确定学生安全教育及管理工作的主管部门，明确其职责，具体组织实施安全教育及其管理工作。各有关部门应分工协作，积极配合。

第十条　全体教职工要从关心学生、爱护学生出发，树立安全思想，努力做好本职工作和改善环境与条件，保护学生人身和财产安全。

第十一条　学生发生意外事故以及学生要求保护人身或财物安全等情况时，学校应迅速采取有效措施。

第十二条　学生必须严格遵守国家法律、法规和学校的各项规章制度，注意自身的人身和财物安全，防止各种事故的发生。

第十三条　学生在日常教学及各项活动中，应遵守纪律和有关规定，听从指导，服从管理；在公共场所，要遵守社会公德，增强安全防范意识，提高自我保护能力。

第十四条　学生组织集体课外活动，须经学校同意，按学校规定进行。学校须认真进行安全审查，条件不具备时不得批准。

第十五条　学生应严格遵守宿舍管理的规定，自觉维护宿舍的安全与卫生，提高自我管理能力。

第十六条　发现刑事、治安案件或交通、灾害等事故，在场学生应保护现场，及时报告学校或公安部门并协助处理。在学校范围内的，学校应迅速采取措施，控制事态发展，减轻伤害和损失。

第四章　事故处理

第十七条　学生人身和财产发生一般伤害后，学校要及时调查处理，根据当事人或他人的过错，责令其赔偿损失，并给予批评教育或相应的行政、纪律处分。

在校园内，发生学生非正常死亡、重伤或被窃、失火等造成财产重大损失事故后，学校应迅速采取措施进行抢救、保护现场，同时加强思想政治工作，稳定情绪，恢复秩序，并协同地方有关部门妥善处理。

第十八条　学校对事故调查后认为涉及追究刑事责任的，要及时与公安部门联系，协助调查处理。

重大事故学校有关领导应亲自参与调查工作，并认真研究调查报告，及时处理。

第十九条　在安全管理或事故处理过程中，学校认为有必要需搜查学生住处，须报请公安部门依法进行。调查处理案件中要以事实为依据，不得逼供或诱供。

第二十条　重大事故发生后，学校应在一天内向所在省（自治区、直辖市）有关主管部门报告，并及时通知学生家长。事故处理结束后一周内书面报告有关主管部门。

第二十一条　学生在教学、实习过程与日常生活中，因学校或有关单位责任发生死亡、重伤或残疾，由学校或有关单位承担责任，做好处理及善后工作。

在教学、实习过程与日常生活中，学生因不遵守纪律或不按要求活动而发生意外事故，学校不承担责任。

第二十二条　因忽视安全生产，管理不善；工作不负责任，违章指挥；玩忽职守，徇私舞弊等对学生造成严重的人身、财物损害的，由其所在单位或上级主管部门，视具体情况对有关责任人员分别给予责令检查、赔偿损失、行政处分，直至依法追究刑事责任。

第二十三条　学生未经批准擅自离校不归发生意外事故的，学校不承担责任。

对擅自离校不归，学校不知去向的学生，学校应及时寻找并报告当地公安部门，及时通知学生家长。半月不归且未说明原因者，学校可张榜公布，按自动退学除名。

第二十四条　学生假期或办理离校手续后发生意外事故的，学校不承担责任。

第二十五条　在校内正常生活及由学校在校外组织的活动中，由于不能避免的原因或自然灾害而发生的事故，由学校视具体情况处理。

第二十六条　有条件的高等学校可为学生办理人身保险。

第二十七条　凡经学校指定的专业医院确诊为精神病、癫痫病患者的学生，应予退学，由其监护人负责领回。学生及其监护人不得无理纠缠，扰乱学校教学、生活秩序。

第二十八条　因事故伤残的学生，经治疗后病情稳定，学校认为生活能自理，能坚持在校学习，可留校继续学习；不能坚持在校学习者，应予退学，由学校按其实际学习年限发给肄业证书，并根据事故性质和伤残程度一次性给予适当经济补助。退学学生回其监护人所在地，当地民政等有关部门应协助做好接收、落户等工作，由当地劳动部门按国家关于残疾人劳动就业有关规定安置。

第二十九条　学生因病死亡和责任不由学校承担的意外死亡，学校不承担丧葬费。如家庭确有困难者，学校可酌情予以一次性经济补助。

第三十条　因责任不在本人的意外死亡学生，由学校或有关单位参照国家关于事业职工死亡丧葬有关规定处理，负担丧葬费的全部，学校可一次性给予适当经济补助。

无论何种情况（事故）给予的经济补助，一般不超过国家规定的学生在校期间（以四年计）的平均奖学金数。

凡是事故责任由学校以外的其他单位、个人承担的，学校不再给予经济补助。

第三十一条　因保护国家财产和他人人身安全，见义勇为而致残或英勇牺牲的学生，学校应报请所在省（自治区、直辖市）人民政府授予荣誉称号，并给予相应的待遇。

第三十二条　对事故处理不服或持有异议者，可向学校或学校上一级部门申诉，或者依法向人民法院提起民事诉讼。

第五章　附　则

第三十三条　普通高等学校研究生事故处理，参照本办法执行。

第三十四条　本暂行规定结合《普通高等学校学生管理规定》、《高等学校校园秩序管理若干规定》试行。

第三十五条　各省、自治区、直辖市教育行政部门和各高等学校可根据本暂行规定制定实施细则。

第三十六条　本暂行规定由国家教育委员会解释。

第三十七条　本暂行规定自发布之日起试行。

附录B　普通高等学校学生管理规定

中华人民共和国教育部令　第21号

（2005年3月25日发布）

第一章　总　则

第一条　为维护普通高等学校正常的教育教学秩序和生活秩序，保障学生身心健康，促进学生德、智、体、美全面发展，依据教育法、高等教育法以及其他有关法律、法规，制定本规定。

第二条　本规定适用于普通高等学校、承担研究生教育任务的科学研究机构（以下称高等学校或学校）对接受普通高等学历教育的研究生和本科、专科（高职）学生的管理。

第三条　高等学校要以培养人才为中心，按照国家教育方针，遵循教育规律，不断提高教育质量；要依法治校，从严管理，健全和完善管理制度，规范管理行为；要将管理与加强教育相结合，不断提高管理水平，努力培养社会主义合格建设者和可靠接班人。

第四条　高等学校学生应当努力学习马克思列宁主义、毛泽东思想、邓小平理论和“三个代表”重要思想，确立在中国共产党领导下走中国特色社会主义道路、实现中华民族伟大复兴的共同理想和坚定信念；应当树立爱国主义思想，具有团结统一、爱好和平、勤劳勇敢、自强不息的精神；应当遵守宪法、法律、法规，遵守公民道德规范，遵守《高等学校学生行为准则》，遵守学校管理制度，具有良好的道德品质和行为习惯；应当刻苦学习，勇于探索，积极实践，努力掌握现代科学文化知识和专业技能；应当积极锻炼身体，具有健康体魄。

第二章　学生的权利与义务

第五条　学生在校期间依法享有下列权利：

（一）参加学校教育教学计划安排的各项活动，使用学校提供的教育教学资源；

（二）参加社会服务、勤工助学，在校内组织、参加学生团体及文娱体育等活动；

（三）申请奖学金、助学金及助学贷款；

（四）在思想品德、学业成绩等方面获得公正评价，完成学校规定学业后获得相应的学历证书、学位证书；

（五）对学校给予的处分或者处理有异议，向学校、教育行政部门提出申诉；对学校、教职员工侵犯其人身权、财产权等合法权益，提出申诉或者依法提起诉讼；

（六）法律、法规规定的其他权利。

第六条　学生在校期间依法履行下列义务：

（一）遵守宪法、法律、法规；

（二）遵守学校管理制度；

（三）努力学习，完成规定学业；

（四）按规定缴纳学费及有关费用，履行获得贷学金及助学金的相应义务；

（五）遵守学生行为规范，尊敬师长，养成良好的思想品德和行为习惯；

（六）法律、法规规定的其他义务。

第三章　学籍管理

第一节　入学与注册

第七条　按国家招生规定录取的新生，持录取通知书，按学校有关要求和规定的期限到校办理入学手续。因故不能按期入学者，应当向学校请假。未请假或者请假逾期者，除因不可抗力等正当事由以外，视为放弃入学资格。

第八条　新生入学后，学校在三个月内按照国家招生规定对其进行复查。复查合格者予以注册，取得学籍。复查不合格者，由学校区别情况，予以处理，直至取消入学资格。

凡属弄虚作假、徇私舞弊取得学籍者，一经查实，学校应当取消其学籍。情节恶劣的，应当请有关部门查究。

第九条　对患有疾病的新生，经学校指定的二级甲等以上医院（下同）诊断不宜在校学习的，可以保留入学资格一年。保留入学资格者不具有学籍。在保留入学资格期内经治疗康复，可以向学校申请入学，由学校指定医院诊断，符合体检要求，经学校复查合格后，重新办理入学手续。复查不合格或者逾期不办理入学手续者，取消入学资格。

第十条　每学期开学时，学生应当按学校规定办理注册手续。不能如期注册者，应当履行暂缓注册手续。未按学校规定缴纳学费或者其他不符合注册条件的不予注册。

家庭经济困难的学生可以申请贷款或者其他形式资助，办理有关手续后注册。

第二节　考核与成绩记载

第十一条　学生应当参加学校教育教学计划规定的课程和各种教育教学环节（以下统称课程）的考核，考核成绩记入成绩册，并归入本人档案。

第十二条　考核分为考试和考查两种。考核和成绩评定方式，以及考核不合格的课程是否重修或者补考，由学校规定。

第十三条 学生思想品德的考核、鉴定，要以《高等学校学生行为准则》为主要依据，采取个人小结，师生民主评议等形式进行。

学生体育课的成绩应当根据考勤、课内教学和课外锻炼活动的情况综合评定。

第十四条 学生学期或者学年所修课程或者应修学分数以及升级、跳级、留级、降级、重修等要求，由学校规定。

第十五条 学生可以根据学校有关规定，申请辅修其他专业或者选修其他专业课程。

学生可以根据校际间协议跨校修读课程。在他校修读的课程成绩（学分）由本校审核后予以承认。

第十六条 学生严重违反考核纪律或者作弊的，该课程考核成绩记为无效，并由学校视其违纪或者作弊情节，给予批评教育和相应的纪律处分。给予警告、严重警告、记过及留校察看处分的，经教育表现较好，在毕业前对该课程可以给予补考或者重修机会。

第十七条 学生不能按时参加教育教学计划规定的活动，应当事先请假并获得批准。未经批准而缺席者，根据学校有关规定给予批评教育，情节严重的给予纪律处分。

第三节 转专业与转学

第十八条 学生可以按学校的规定申请转专业。学生转专业由所在学校批准。

学校根据社会对人才需求情况的发展变化，经学生同意，必要时可以适当调整学生所学专业。

第十九条 学生一般应当在被录取学校完成学业。如患病或者确有特殊困难，无法继续在本校学习的，可以申请转学。

第二十条 学生有下列情形之一，不得转学：

（一）入学未满一学期的；

（二）由招生时所在地的下一批次录取学校转入上一批次学校、由低学历层次转为高学历层次的；

（三）招生时确定为定向、委托培养的；

（四）应予退学的；

（五）其他无正当理由的。

第二十一条　学生转学，经两校同意，由转出学校报所在地省级教育行政部门确认转学理由正当，可以办理转学手续；跨省转学者由转出地省级教育行政部门商转入地省级教育行政部门，按转学条件确认后办理转学手续。须转户口的由转入地省级教育行政部门将有关文件抄送转入校所在地公安部门。

第四节　休学与复学

第二十二条　学生可以分阶段完成学业。学生在校最长年限（含休学）由学校规定。

第二十三条　学生申请休学或者学校认为应当休学者，由学校批准，可以休学。休学次数和期限由学校规定。

第二十四条　学生应征参加中国人民解放军（含中国人民武装警察部队），学校应当保留其学籍至退役后一年。

第二十五条　休学学生应当办理休学手续离校，学校保留其学籍。学生休学期间，不享受在校学习学生待遇。休学学生患病，其医疗费按学校规定处理。

第二十六条　学生休学期满，应当于学期开学前向学校提出复学申请，经学校复查合格，方可复学。

第五节　退　学

第二十七条　学生有下列情形之一，应予退学：

（一）学业成绩未达到学校要求或者在学校规定年限内（含休学）未完成学业的；

（二）休学期满，在学校规定期限内未提出复学申请或者申请复学经复查不合格的；

（三）经学校指定医院诊断，患有疾病或者意外伤残无法继续在校学习的；

（四）未请假离校连续两周未参加学校规定的教学活动的；

（五）超过学校规定期限未注册而又无正当事由的；

（六）本人申请退学的。

第二十八条　对学生的退学处理，由校长会议研究决定。

对退学的学生，由学校出具退学决定书并送交本人，同时报学校所在地省级教育行政部门备案。

第二十九条　退学的本专科学生，按学校规定期限办理退学手续离校，档案、户口退回其家庭户籍所在地。

退学的研究生，按已有毕业学历和就业政策可以就业的，由学校报所在地省级毕业生就业部门办理相关手续；在学校规定期限内没有聘用单位的，档案、户口退回其家庭户籍所在地。

第三十条　学生对退学处理有异议的，参照本规定第六十一条、第六十二条、第六十三条、第六十四条办理。

第六节　毕业、结业与肄业

第三十一条　学生在学校规定年限内，修完教育教学计划规定内容，德、智、体达到毕业要求，准予毕业，由学校发给毕业证书。

第三十二条　学生在学校规定年限内，修完教育教学计划规定内容，未达到毕业要求，准予结业，由学校发给结业证书。结业后是否可以补考、重修或者补作毕业设计、论文、答辩，以及是否颁发毕业证书，由学校规定。对合格后颁发的毕业证书，毕业时间按发证日期填写。

第三十三条　符合学位授予条件者，学位授予单位应当颁发学位证书。

第三十四条　学满一学年以上退学的学生，学校应当颁发肄业证书。

第三十五条　学校应当严格按照招生时确定的办学类型和学习形式，填写、颁发学历证书、学位证书。

第三十六条　学校应当执行高等教育学历证书电子注册管理制度，每年将颁发的毕（结）业证书信息报所在地省级教育行政部门注册，并由省级教育行政部门报国务院教育行政部门备案。

第三十七条　对完成本专业学业同时辅修其他专业并达到该专业辅修要求者，由学校发给辅修专业证书。

第三十八条　对违反国家招生规定入学者，学校不得发给学历证书、学位证书；已发的学历证书、学位证书，学校应当予以追回并报上级教育行政部门宣布证书无效。

第三十九条 毕业、结业、肄业证书和学位证书遗失或者损坏，经本人申请，学校核实后应当出具相应的证明书。证明书与原证书具有同等效力。

第四章 校园秩序与课外活动

第四十条 学校应当维护校园正常秩序，保障学生的正常学习和生活。

第四十一条 学校应当建立和完善学生参与民主管理的组织形式，支持和保障学生依法参与学校民主管理。

第四十二条 学生应当自觉遵守公民道德规范，自觉遵守学校管理制度，创造和维护文明、整洁、优美、安全的学习和生活环境。

学生不得有酗酒、打架斗殴、赌博、吸毒，传播、复制、贩卖非法书刊和音像制品等违反治安管理规定的行为；不得参与非法传销和进行邪教、封建迷信活动；不得从事或者参与有损大学生形象、有损社会公德的活动。

第四十三条 任何组织和个人不得在学校进行宗教活动。

第四十四条 学生可以在校内组织、参加学生团体。学生成立团体，应当按学校有关规定提出书面申请，报学校批准。

学生团体应当在宪法、法律、法规和学校管理制度范围内活动，接受学校的领导和管理。

第四十五条 学校提倡并支持学生及学生团体开展有益于身心健康的学术、科技、艺术、文娱、体育等活动。

学生进行课外活动不得影响学校正常的教育教学秩序和生活秩序。

第四十六条 学校应当鼓励、支持和指导学生参加社会实践、社会服务和开展勤工助学活动，并根据实际情况给予必要帮助。

学生参加勤工助学活动应当遵守法律、法规以及学校、用工单位的管理制度，履行勤工助学活动的有关协议。

第四十七条 学生举行大型集会、游行、示威等活动，应当按法律程序和有关规定获得批准。对未获批准的，学校应当依法劝阻或者制止。

第四十八条　学生使用计算机网络，应当遵循国家和学校关于网络使用的有关规定，不得登录非法网站，传播有害信息。

第四十九条　学校应当建立健全学生住宿管理制度。学生应当遵守学校关于学生住宿管理的规定。

第五章　奖励与处分

第五十条　学校、省（自治区、直辖市）和国家有关部门应当对在德、智、体、美等方面全面发展或者在思想品德、学业成绩、科技创造、锻炼身体及社会服务等方面表现突出的学生，给予表彰和奖励。

第五十一条　对学生的表彰和奖励可以采取授予“三好学生”称号或者其他荣誉称号、颁发奖学金等多种形式，给予相应的精神鼓励或者物质奖励。

第五十二条　对有违法、违规、违纪行为的学生，学校应当给予批评教育或者纪律处分。

学校给予学生的纪律处分，应当与学生违法、违规、违纪行为的性质和过错的严重程度相适应。

第五十三条　纪律处分的种类分为：

（一）警告；

（二）严重警告；

（三）记过；

（四）留校察看；

（五）开除学籍。

第五十四条　学生有下列情形之一，学校可以给予开除学籍处分：

（一）违反宪法，反对四项基本原则、破坏安定团结、扰乱社会秩序的；

（二）触犯国家法律，构成刑事犯罪的；

（三）违反治安管理规定受到处罚，性质恶劣的；

（四）由他人代替考试、替他人参加考试、组织作弊、使用通讯设备作弊及其他作弊行为严重的；

（五）剽窃、抄袭他人研究成果，情节严重的；

（六）违反学校规定，严重影响学校教育教学秩序、生活秩序以及公共场所管理秩序，侵害其他个人、组织合法权益，造成严重后果的；

（七）屡次违反学校规定受到纪律处分，经教育不改的。

第五十五条　学校对学生的处分，应当做到程序正当、证据充分、依据明确、定性准确、处分恰当。

第五十六条　学校在对学生作出处分决定之前，应当听取学生或者其代理人的陈述和申辩。

第五十七条　学校对学生作出开除学籍处分决定，应当由校长会议研究决定。

第五十八条　学校对学生作出处分，应当出具处分决定书，送交本人。开除学籍的处分决定书报学校所在地省级教育行政部门备案。

第五十九条　学校对学生作出的处分决定书应当包括处分和处分事实、理由及依据，并告知学生可以提出申诉及申诉的期限。

第六十条　学校应当成立学生申诉处理委员会，受理学生对取消入学资格、退学处理或者违规、违纪处分的申诉。

学生申诉处理委员会应当由学校负责人、职能部门负责人、教师代表、学生代表组成。

第六十一条　学生对处分决定有异议的，在接到学校处分决定书之日起 5 个工作日内，可以向学校学生申诉处理委员会提出书面申诉。

第六十二条　学生申诉处理委员会对学生提出的申诉进行复查，并在接到书面申诉之日起 15 个工作日内，作出复查结论并告知申诉人。需要改变原处分决定的，由学生申诉处理委员会提交学校重新研究决定。

第六十三条　学生对复查决定有异议的，在接到学校复查决定书之日起 15 个工作日内，可以向学校所在地省级教育行政部门提出书面申诉。

省级教育行政部门在接到学生书面申诉之日起 30 个工作日内，

应当对申诉人的问题给予处理并答复。

第六十四条 从处分决定或者复查决定送交之日起，学生在申诉期内未提出申诉的，学校或者省级教育行政部门不再受理其提出的申诉。

第六十五条 被开除学籍的学生，由学校发给学习证明。学生按学校规定期限离校，档案、户口退回其家庭户籍所在地。

第六十六条 对学生的奖励、处分材料，学校应当真实完整地归入学校文书档案和本人档案。

第六章 附 则

第六十七条 对接受成人高等学历教育的学生、港澳台侨学生、留学生的管理参照本规定实施。

第六十八条 高等学校应当根据本规定制定或修改学校的学生管理规定，报主管教育行政部门备案（中央部委属校同时抄报所在地省级教育行政部门），并及时向学生公布。

省级教育行政部门根据本规定，指导、检查和督促本地区高等学校实施学生管理。

第六十九条 本规定自 2005 年 9 月 1 日起施行。原国家教育委员会发布的《普通高等学校学生管理规定》（国家教育委员会令第 7 号）、《研究生学籍管理规定》（教学［1995］4 号）同时废止。其他有关文件规定与本规定不一致的，以本规定为准。

附录 C 学生伤害事故处理办法

中华人民共和国教育部令 第 12 号

（2002 年 6 月 25 日发布）

第一章 总 则

第一条 为积极预防、妥善处理在校学生伤害事故，保护学生、学校的合法权益，根据《中华人民共和国教育法》、《中华人民共和国未成年人保护法》和其他相关法律、行政法规及有关规定，制定本办法。

第二条 在学校实施的教育教学活动或者学校组织的校外活动中，以及在学校负有管理责任的校舍、场地、其他教育教学设施、生活设施内发生的，造成在校学生人身损害后果的事故的处理，适用本办法。

第三条 学生伤害事故应当遵循依法、客观公正、合理适当的原则，及时、妥善地处理。

第四条 学校的举办者应当提供符合安全标准的校舍、场地、其他教育教学设施和生活设施。

教育行政部门应当加强学校安全工作，指导学校落实预防学生伤害事故的措施，指导、协助学校妥善处理学生伤害事故，维护学校正常的教育教学秩序。

第五条 学校应当对在校学生进行必要的安全教育和自护自救教育；应当按照规定，建立健全安全制度，采取相应的管理措施，预防和消除教育教学环境中存在的安全隐患；当发生伤害事故时，应当及时采取措施救助受伤害学生。

学校对学生进行安全教育、管理和保护，应当针对学生年龄、认知能力和法律行为能力的不同，采用相应的内容和预防措施。

第六条 学生应当遵守学校的规章制度和纪律；在不同的受教育阶段，应当根据自身的年龄、认知能力和法律行为能力，避免和消除相应的危险。

第七条 未成年学生的父母或者其他监护人（以下称为监护人）应当依法履行监护职责，配合学校对学生进行安全教育、管理和保护工作。

学校对未成年学生不承担监护职责，但法律有规定的或者学校依法接受委托承担相应监护职责的情形除外。

第二章 事故与责任

第八条 发生学生伤害事故，造成学生人身损害的，学校应当按照《中华人民共和国侵权责任法》及相关法律法规的规定承担相应的事故责任。

第九条　因下列情形之一造成的学生伤害事故，学校应当依法承担相应的责任：

（一）学校的校舍、场地、其他公共设施，以及学校提供给学生使用的学具、教育教学和生活设施、设备不符合国家规定的标准，或者有明显不安全因素的；

（二）学校的安全保卫、消防、设施设备管理等安全管理制度有明显疏漏，或者管理混乱，存在重大安全隐患，而未及时采取措施的；

（三）学校向学生提供的药品、食品、饮用水等不符合国家或者行业的有关标准、要求的；

（四）学校组织学生参加教育教学活动或者校外活动，未对学生进行相应的安全教育，并未在可预见的范围内采取必要的安全措施的；

（五）学校知道教师或者其他工作人员患有不适宜担任教育教学工作的疾病，但未采取必要措施的；

（六）学校违反有关规定，组织或者安排未成年学生从事不宜未成年人参加的劳动、体育运动或者其他活动的；

（七）学生有特异体质或者特定疾病，不宜参加某种教育教学活动，学校知道或者应当知道，但未予以必要的注意的；

（八）学生在校期间突发疾病或者受到伤害，学校发现，但未根据实际情况及时采取相应措施，导致不良后果加重的；

（九）学校教师或者其他工作人员体罚或者变相体罚学生，或者在履行职责过程中违反工作要求、操作规程、职业道德或者其他有关规定的；

（十）学校教师或者其他工作人员在负有组织、管理未成年学生的职责期间，发现学生行为具有危险性，但未进行必要的管理、告诫或者制止的；

（十一）对未成年学生擅自离校等与学生人身安全直接相关的信息，学校发现或者知道，但未及时告知未成年学生的监护人，导致未成年学生因脱离监护人的保护而发生伤害的；

（十二）学校有未依法履行职责的其他情形的。

第十条　学生或者未成年学生监护人由于过错，有下列情形之一，造成学生伤害事故，应当依法承担相应的责任：

（一）学生违反法律法规的规定，违反社会公共行为准则、学校的规章制度或者纪律，实施按其年龄和认知能力应当知道具有危险或者可能危及他人的行为的；

（二）学生行为具有危险性，学校、教师已经告诫、纠正，但学生不听劝阻、拒不改正的；

（三）学生或者其监护人知道学生有特异体质，或者患有特定疾病，但未告知学校的；

（四）未成年学生的身体状况、行为、情绪等有异常情况，监护人知道或者已被学校告知，但未履行相应监护职责的；

（五）学生或者未成年学生监护人有其他过错的。

第十一条　学校安排学生参加活动，因提供场地、设备、交通工具、食品及其他消费与服务的经营者，或者学校以外的活动组织者的过错造成的学生伤害事故，有过错的当事人应当依法承担相应的责任。

第十二条　因下列情形之一造成的学生伤害事故，学校已履行了相应职责，行为并无不当的，无法律责任：

（一）地震、雷击、台风、洪水等不可抗的自然因素造成的；

（二）来自学校外部的突发性、偶发性侵害造成的；

（三）学生有特异体质、特定疾病或者异常心理状态，学校不知道或者难于知道的；

（四）学生自杀、自伤的；

（五）在对抗性或者具有风险性的体育竞赛活动中发生意外伤害的；

（六）其他意外因素造成的。

第十三条　下列情形下发生的造成学生人身损害后果的事故，学校行为并无不当的，不承担事故责任；事故责任应当按有关法律法规或者其他有关规定认定：

（一）在学生自行上学、放学、返校、离校途中发生的；

（二）在学生自行外出或者擅自离校期间发生的；

（三）在放学后、节假日或者假期等学校工作时间以外，学生自行滞留学校或者自行到校发生的；

（四）其他在学校管理职责范围外发生的。

第十四条　因学校教师或者其他工作人员与其职务无关的个人行为，或者因学生、教师及其他个人故意实施的违法犯罪行为，造成学生人身损害的，由致害人依法承担相应的责任。

第三章　事故处理程序

第十五条　发生学生伤害事故，学校应当及时救助受伤害学生，并应当及时告知未成年学生的监护人；有条件的，应当采取紧急救援等方式救助。

第十六条　发生学生伤害事故，情形严重的，学校应当及时向主管教育行政部门及有关部门报告；属于重大伤亡事故的，教育行政部门应当按照有关规定及时向同级人民政府和上一级教育行政部门报告。

第十七条　学校的主管教育行政部门应学校要求或者认为必要，可以指导、协助学校进行事故的处理工作，尽快恢复学校正常的教育教学秩序。

第十八条　发生学生伤害事故，学校与受伤害学生或者学生家长可以通过协商方式解决；双方自愿，可以书面请求主管教育行政部门进行调解。

成年学生或者未成年学生的监护人也可以依法直接提起诉讼。

第十九条　教育行政部门收到调解申请，认为必要的，可以指定专门人员进行调解，并应当在受理申请之日起60日内完成调解。

第二十条　经教育行政部门调解，双方就事故处理达成一致意见的，应当在调解人员的见证下签订调解协议，结束调解；在调解期限内，双方不能达成一致意见，或者调解过程中一方提起诉讼，人民法院已经受理的，应当终止调解。

调解结束或者终止，教育行政部门应当书面通知当事人。

第二十一条　对经调解达成的协议，一方当事人不履行或者反悔的，双方可以依法提起诉讼。

第二十二条　事故处理结束，学校应当将事故处理结果书面报告主管的教育行政部门；重大伤亡事故的处理结果，学校主管的教育行政部门应当向同级人民政府和上一级教育行政部门报告。

第四章　事故损害的赔偿

第二十三条　对发生学生伤害事故负有责任的组织或者个人，应当按照法律法规的有关规定，承担相应的损害赔偿责任。

第二十四条　学生伤害事故赔偿的范围与标准，按照有关行政法规、地方性法规或者最高人民法院司法解释中的有关规定确定。

教育行政部门进行调解时，认为学校有责任的，可以依照有关法律法规及国家有关规定，提出相应的调解方案。

第二十五条　对受伤害学生的伤残程度存在争议的，可以委托当地具有相应鉴定资格的医院或者有关机构，依据国家规定的人体伤残标准进行鉴定。

第二十六条　学校对学生伤害事故负有责任的，根据责任大小，适当予以经济赔偿，但不承担解决户口、住房、就业等与救助受伤害学生、赔偿相应经济损失无直接关系的其他事项。

学校无责任的，如果有条件，可以根据实际情况，本着自愿和可能的原则，对受伤害学生给予适当的帮助。

第二十七条　因学校教师或者其他工作人员在履行职务中的故意或者重大过失造成的学生伤害事故，学校予以赔偿后，可以向有关责任人员追偿。

第二十八条　未成年学生对学生伤害事故负有责任的，由其监护人依法承担相应的赔偿责任。

学生的行为侵害学校教师及其他工作人员以及其他组织、个人的合法权益，造成损失的，成年学生或者未成年学生的监护人应当依法予以赔偿。

第二十九条　根据双方达成的协议、经调解形成的协议或者人民法院的生效判决，应当由学校负担的赔偿金，学校应当负责筹措；学校无力完全筹措的，由学校的主管部门或者举办者协助筹措。

第三十条　县级以上人民政府教育行政部门或者学校举办者有条件的，可以通过设立学生伤害赔偿准备金等多种形式，依法筹措伤害赔偿金。

第三十一条　学校有条件的，应当依据保险法的有关规定，参加学校责任保险。教育行政部门可以根据实际情况，鼓励中小学参加学校责任保险。

提倡学生自愿参加意外伤害保险。在尊重学生意愿的前提下，学校可以为学生参加意外伤害保险创造便利条件，但不得从中收取任何费用。

第五章　事故责任者的处理

第三十二条　发生学生伤害事故，学校负有责任且情节严重的，教育行政部门应当根据有关规定，对学校的直接负责的主管人员和其他直接责任人员，分别给予相应的行政处分；有关责任人的行为触犯刑律的，应当移送司法机关依法追究刑事责任。

第三十三条　学校管理混乱，存在重大安全隐患的，主管的教育行政部门或者其他有关部门应当责令其限期整顿；对情节严重或者拒不改正的，应当依据法律法规的有关规定，给予相应的行政处罚。

第三十四条　教育行政部门未履行相应职责，对学生伤害事故的发生负有责任的，由有关部门对直接负责的主管人员和其他直接责任人员分别给予相应的行政处分；有关责任人的行为触犯刑律的，应当移送司法机关依法追究刑事责任。

第三十五条　违反学校纪律，对造成学生伤害事故负有责任的学生，学校可以给予相应的处分；触犯刑律的，由司法机关依法追究刑事责任。

第三十六条　受伤害学生的监护人、亲属或者其他有关人员，在事故处理过程中无理取闹，扰乱学校正常教育教学秩序，或者侵犯学校、学校教师或者其他工作人员的合法权益的，学校应当报告公安机关依法处理；造成损失的，可以依法要求赔偿。

第六章　附　则

第三十七条　本办法所称学校，是指国家或者社会力量举办的全日制的中小学（含特殊教育学校）、各类中等职业学校、高等学校。

本办法所称学生是指在上述学校中全日制就读的受教育者。

第三十八条　幼儿园发生的幼儿伤害事故，应当根据幼儿为完全无行为能力人的特点，参照本办法处理。

第三十九条　其他教育机构发生的学生伤害事故，参照本办法处理。

在学校注册的其他受教育者在学校管理范围内发生的伤害事故，参照本办法处理。

第四十条　本办法自2002年9月1日起实施，原国家教委、教育部颁布的与学生人身安全事故处理有关的规定，与本办法不符的，以本办法为准。

在本办法实施之前已处理完毕的学生伤害事故不再重新处理。

附录D　高等学校校园秩序管理若干规定

国家教育委员会令第13号

（1990年9月18日发布）

第一条　为了优化育人环境，加强高等学校校园管理，维护教学、科研、生活秩序和安定团结的局面，建立有利于培养社会主义现代化建设专门人才的校园秩序，制定本规定。

第二条　本规定所称的高等学校（以下简称“学校”）是指全日制普通高等学校和成人高等学校。

本规定所称的师生员工是指学校的教师（包括外籍教师）、学生（包括外国在华留学生）、教育教学辅助人员、管理人员和工勤人员。

第三条　学校的师生员工以及其他到学校活动的人员都应当遵守本规定，维护宪法确立的根本制度和国家利益，维护学校的教学、科研秩序和生活秩序。

学校应当加强校园管理，采取措施，及时有效地预防和制止校园内的违反法律、法规、校规的活动。

第四条　学校应当尊重和维护师生员工的人身权利、政治权利、教育和受教育的权利以及法律规定的其他权利，不依照法律，不得限制、剥夺师生员工的权利。

第五条　进入学校的人员，必须持有本校的学生证、工作证、听课证或者学校颁发的其他进入学校的证章、证件。

未持有前款规定的证章、证件的国内人员进入学校，应当向门卫登记后进入学校。

第六条　国内新闻记者进入学校采访，必须持有记者证和采访介绍信，在通知学校有关机构后，方可进入学校采访。

外国新闻记者和港澳台新闻记者进入学校采访，必须持有学校所在省、自治区、直辖市人民政府外事机关或港澳台办的介绍信和记者证，并在进校采访前与学校外事机构联系，经许可后方可进入学校采访。

第七条　外国人、港澳台人员进入学校进行公务、业务活动，应当经过省、自治区、直辖市或者国务院有关部门同意并告知学校后，或按学术交流计划经学校主管领导研究同意后，方可进入学校。自行要求进入学校的外国人、港澳台人员，应当在学校外事机构或港澳台办批准后，方可进入学校。接受师生员工个人邀请进入学校探亲访友的外国人、港澳台人员，应当履行门卫登记手续后进入学校。

第八条　依照本规定第五条、第六条、第七条的规定进入学校的人员，应当遵守法律、法规、规章和学校的制度，不得从事与其身份不符的活动，不得危害校园治安。

对违反本规定第五条、第六条、第七条和本条前款规定的人员，师生员工有权向学校保卫机构报告，学校保卫机构可以要求其说明情况或者责令其离开学校。

第九条 学生一般不得在学生宿舍留宿校外人员，遇有特殊情况留宿校外人员，应当报请学校有关机构许可，并且进行留宿登记，留宿人离校应注销登记，不得在学生宿舍内留宿异性。违反前款规定的，学校保卫机构可以责令留宿人离开学生宿舍。

第十条 告示、通知、启事、广告等，应当张贴在学校指定或者许可的地点，散发宣传品、印刷品应当经过学校有关机构同意。

对于张贴、散发反对我国宪法确立的根本制度、损害国家利益或者侮辱诽谤他人的公开张贴物、宣传品和印刷品的当事者，由司法机关依法追究其法律责任。

第十一条 在校园设置临时或者永久建筑物以及安装音响、广播、电视设施，设置者、安装者应当报请学校有关机构审批，未经批准不得擅自设置、安装。

师生员工或者有关团体、组织使用学校的广播、电视设施，必须报请学校有关机构批准，禁止任何组织或者个人擅自使用学校广播、电视设施。

在校内举行文化娱乐活动，不得干扰学校的教学、科研和生活秩序。

违反第一款、第二款、第三款规定的，学校有关机构可以劝其停止设置、安装或者停止活动，已经设置、安装的，学校有关机构可以拆除，或者责令设置者、安装者拆除。

第十二条 在校内举行集会、讲演等公共活动，组织者必须在72小时前向学校有关机构提出申请，申请中应当说明活动的目的、人数、时间、地点和负责人的姓名。学校有关机构应当至迟在举行时间的4小时前将许可或者不许可的决定通知组织者。逾期未通知的，视为许可。

集会、讲演等应符合我国的教育方针和相应的法规、规章，不得反对我国宪法确立的根本制度，不得干扰学校的教学、科研和生活秩序，不得损害国家财产和其他公民的权利。

第十三条 在校内组织讲座、报告等室内活动，组织者应当在72小时前向学校有关机构提出申请，申请中应当说明活动的内容、报告人和负责人的姓名。学校有关机构应当至迟在举行时间的4小时前将许可或者不许可的决定通知组织者。逾期未通知的，视为许可。

讲座、报告等不得反对我国宪法确立的根本制度，不得违反我国的教育方针，不得宣传封建迷信，不得进行宗教活动，不得干扰学校的教学、科研和生活秩序。

第十四条　师生员工应当严格按照学校的安排进行教学、科研、生活和其他活动，任何人都不得破坏学校的教学、科研和生活秩序，不得阻止他人根据学校的安排进行教学、科研、生活和其他活动。

禁止师生员工赌博、酗酒、打架斗殴以及其他干扰学校的教学、科研和生活秩序的行为。

第十五条　师生员工组织社会团体，应当按照《社会团体登记管理条例》的规定办理。成立校内非社会团体的组织，应当在成立前由其组织者报请学校有关机构批准，未经批准不得成立和开展活动。

校内非社会团体的组织和校内报刊必须遵守法律、法规、规章，贯彻我国的教育方针和遵守学校的制度，接受学校的管理，不得进行超出其宗旨的活动。

第十六条　违反本规定第十二条、第十三条、第十四条和第十五条的规定的，学校有关机构可以责令其组织者以及其他当事人立即停止活动。

违反本规定第十二条第二款的规定，损害国家财产的，学校有关机构可以责令其赔偿损失。

第十七条　禁止无照人员在校园内经商。设在校园内的商业网点必须在指定地点经营。

违反前款规定的，学校有关机构可以责令其停止经商活动或者离开校园。

第十八条　对违反本规定，经过劝告、制止仍不改正的师生员工，学校可视情节给予行政处分或者纪律处分；属于违反治安管理行为的，由公安机关依法处理；情节严重构成犯罪的，由司法机关处理。

师生员工对学校的处分不服的，可以向有关教育行政部门提出申诉，教育行政部门应当在接到申诉的30日内作出处理决定。

对违反本规定，经劝告、制止仍不改正的校外人员，由公安、司法机关根据情节依法处理。

第十九条　各高等学校可以根据本规定制定具体管理制度。

第二十条　本规定自发布之日起施行。

参考文献

[1] 钱七虎. 反爆炸恐怖安全与对策 [M]. 北京：科学出版社，2005.

[2] 胡联合. 当代世界恐怖主义与对策 [M]. 北京：东方出版社，2001.

[3] 王逸舟. 恐怖主义溯源 [M]. 北京：社会科学文献出版社，2002.

[4] 辛永赟. 大学生消防知识读本 [M]. 长春：吉林人民出版社，2004.

[5] 樊富珉. 大学生心理素质教程 [M]. 北京：北京出版社，2002.

[6] 王登峰，张伯源. 大学生心理卫生与咨询 [M]. 北京：北京大学出版社，1992.

[7] 王殿卿，赵军华. 中华论理 [M]. 北京：首都师范大学出版社，1996.

[8] 刘晓晨. 首都市民防灾应急手册 [M]. 北京：北京出版社，2006.

编后记

高等学校的根本任务是为社会主义现代化建设培养有理想、有文化、有道德、有纪律的合格人才，而掌握法律知识、具备安全常识、具有自我保护意识和能力，又是合格人才必备的基础条件。跨入21世纪的高校十分强调对学生的全面综合素质教育，系统地向全体大学生灌输安全知识，无疑成为学生综合素质教育的重要组成部分。安全应是学生除了生理之外的最大需求，是大学生完成学业的基本保障。增强安全意识，掌握安全知识，还是丰富学生知识、增加学生才干、毕业走向社会报效祖国的需要。学生安全，责任重于泰山。为了积极推动大学生安全教育“进课堂、进教材、落实学分”工作，更加广泛、深入、卓有成效地开展大学生安全教育，切实保证在校大学生安全愉快地完成学业，北京高教学会保卫学研究会在北京市委教育工作委员会领导下，组织北京高校安全保卫工作方面的专家、学者于2006年7月编辑出版了《大学生安全知识》一书。多年来，许多高校将《大学生安全知识》作为对大学生进行安全教育的教材，对学生进行系统的安全教育，收到了良好效果。为了使《大学生安全知识》资料更新，内容更贴近广大学生的需求，北京高教学会保卫学研究会分别于2008年、2011年和2014年春夏组织部分编写人员对本书进行了修订。

本书各章节编写人员为

第一章：张　虹、胡群海、马周年；

第二章：杨　林、李　敏、陈玉新；

第三章：何洪义、赵　广、辛崇胜；

第四章：李保元、韩连生、马周年；

第五章：焦凤松、贾水库、陈玉新；

第六章：韩连生、冯久泉、李国君、王爱民；

第七章：刘春华、徐玉玺、赵云山、陈　勇；

第八章：靳久良、刘应伦、李汉军、李少雄、徐静年、王永涛；

第九章：管凤仙、俞娇娜、冯久泉、常建勇、戚　超、辛崇胜；

第十章：王有洪、李兰枝、任　航、韩连生、葛冬冬；

第十一章：辛崇胜、葛冬冬、李兰枝；

第十二章：王振铎、刘存东、刘春华、吴腾蛟、杨　昊、易本兴、马华青、刘建国、陆桂云。

参加本书第 1 版审校、修改、统稿工作的有：侯光明、张德玉、葛巨众、辛崇胜、韩连生、陈玉新、马周年、刘春华、卢向红、高福亭。参加本书第 2 版修订工作的有卢向红、辛崇胜、马周年、陈玉新、韩连生、刘春华、高福亭。参加本书第 3 版修订工作的有辛崇胜、马周年、陈玉新、韩连生、刘春华。

2013 年 12 月，北京高教学会保卫学研究会启动了第 4 版修订工作，确定由北京大学、清华大学、北京体育大学、北京建筑大学、首都医科大学、北京交通大学、北京信息科技大学、北京化工大学、北京林业大学、北京航空航天大学、北方工业大学、北京邮电大学等 12 所学校的保卫部（处）每校负责一章，分别组织力量提出修订意见，经学会《大学生安全知识》（第 4 版）修订审定小组全海、卢向红、赵如发、韩标、陈玉新、辛崇胜、童宣海、马周年、胡四六审阅定稿。

本书在编写和修订过程中得到北京市委教育工委安全稳定工作处、北京市公安局文保总队、海淀公安分局高校治安处的大力支持和帮助，得到北京各高校保卫组织的大力支持和积极参与，在此对参加本书编写和修订的同志，对审阅和积极支持本书编写、修订、出版工作的有关部门、单位和领导同志表示真诚的谢意。

因时间仓促，水平有限，本书有些章节内容可能还不够丰富，针对性还不强，难免会出现一些错误和缺点，敬请读者批评指正。

《大学生安全知识》第 4 版编委会

2014 年 6 月

常用安全标志彩图

安全标志

禁止吸烟

禁止烟火

禁止带火种

禁止用水灭火

禁止放易燃物

禁止启动

禁止合闸

禁止转动

禁止触摸

禁止跨越

禁止攀登

禁止跳下

禁止入内

禁止停留

禁止通行

禁止靠近

禁止乘人

禁止堆放

禁止抛物

禁止戴手套

禁止穿化纤衣服

禁止穿带钉鞋

禁止饮用

注意安全

当心火灾

当心腐蚀

当心爆炸

当心中毒

当心感染

当心触电

当心电缆

当心机械伤人

当心伤手

当心扎脚

当心吊物

当心坑洞

当心烫伤

当心弧光

当心塌方

当心冒顶

当心瓦斯

当心电离辐射

当心裂变物质

当心激光

当心微波

当心车辆

当心火车

当心滑跌

当心坠落

当心绊倒

当心落物

必须戴
防护眼镜

必须戴
防毒面具

必须戴
防尘口罩

必须戴
护耳器

必须戴
安全帽

必须戴
防护帽

必须戴
防护手套

必须穿
防护鞋

必须系
安全带

必须穿
救生衣

必须穿
防护服

必须加锁

紧急出口

紧急出口

可动火区

避险处

消防安全标志

紧急出口

紧急出口

滑动开门

滑动开门

推开

拉开

击碎板面

疏散
通道方向

疏散
通道方向

消防水泵
接合器

消防梯

灭火设备
或报警
装置的方向

灭火设备
或报警
装置的方向

消防手动
启动器

发声警报器

火警电话

灭火设备

灭火器

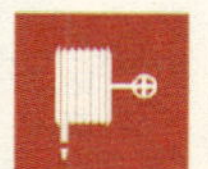
消防水带

地下消火栓

地上消火栓

禁止阻塞

禁止锁闭

禁止用水灭火

禁止吸烟

禁止烟火

禁止放易燃物

禁止带火种

禁止燃放鞭炮

当心火灾——易燃物质

当心火灾——氧化物

当心爆炸——爆炸性物质

危险货物包装标志

爆炸品

爆炸品

爆炸品

易燃气体

不燃气体

有毒气体

易燃液体

易燃固体

自燃物品

遇湿易燃物品

氧化剂

有机过氧化物

剧毒品

有毒品

有害品

感染性物品

一级放射性物品

二级放射性物品

三级放射性物品

腐蚀品

杂类

高校校园及周边交通安全标志

机动车车道

机动车行驶

非机动车车道

非机动车行驶

步　行

人行横道

人行天桥

人行地下通道

停车场

停车场

直行

单行路直行

靠右侧
道路行驶

环岛行驶

避让行人

慢行

注意危险

注意儿童

注意非机动车

注意行人

注意施工

注意信号灯

停车让行

减速让行

禁止通行

禁止驶入

禁止行人通行

禁止非机动车
通行

禁止机动车
通行

禁止掉头

禁止
车辆停放

禁止车辆
长时停放

禁止鸣喇叭

限速20km/h

限速15km/h

限速25km/h